项目化学习

——导师带我跟着节气去劳动案例集

陈肖前　主　编
何晶晶　印晓洁　副主编

上海大学出版社
·上海·

图书在版编目(CIP)数据

项目化学习：导师带我跟着节气去劳动案例集／陈肖前主编 . -- 上海：上海大学出版社, 2024.9.
ISBN 978-7-5671-5059-1

Ⅰ. G633.932

中国国家版本馆 CIP 数据核字第 20247BB080 号

责任编辑　傅玉芳
封面设计　倪天辰
技术编辑　金　鑫　钱宇坤

项目化学习——导师带我跟着节气去劳动案例集

陈肖前　主编
何晶晶　印晓洁　副主编

上海大学出版社出版发行
（上海市上大路99号　邮政编码200444）
（https://www.shupress.cn　发行热线021-66135112）
出版人　戴骏豪

*

南京展望文化发展有限公司排版
上海颛辉印刷厂有限公司印刷　各地新华书店经销
开本710mm×1000mm　1/16　印张9.25　字数160千
2024年9月第1版　2024年9月第1次印刷
ISBN 978-7-5671-5059-1/G·3635　定价58.00元

版权所有　侵权必究
如发现本书有印装质量问题请与印刷厂质量科联系
联系电话：021-57602918

本书编委会

主　编

陈肖前

副主编

何晶晶　印晓洁

编　委

（排列不分先后）

焦　艳	徐舒年	殷　婷	李　琰	张　玲
滕亲亲	杨　意	陈佳丹	沈安晴	钱　燕
楼　芳	徐　玲	叶杨根	蒋海燕	王瑞琪
乔丽倩	张笑笑	游巧琴	熊　俊	陆丹婧

主编寄语

> 春雨惊春清谷天，夏满芒夏暑相连。
> 秋处露秋寒霜降，冬雪雪冬小大寒。
> 每月两节不变更，最多相差一两天。
> 上半年来六廿一，下半年是八廿三。
>
> ——节气歌

2006年，"农历二十四节气"入选第一批国家级非物质文化遗产代表性项目名录。2016年，"二十四节气——中国人通过观察太阳周年运动而形成的时间知识体系及其实践"列入联合国教科文组织人类非物质文化遗产代表作名录，成为人类非遗代表作，是中国人文化认同的一个标志。"二十四节气"反映了大地万物的运行规律，在国际气象界被誉为"中国的第五大发明"。

时，是太阳在土地上一寸一寸走过的痕迹；间，是太阳从门缝里照进来的光影。天何言哉？四时行焉，百物生焉。一动一静者，天地之间也。

节气的天空下，时间是众生的语言，生命是对话的密码。当一个人深入体悟到时空的逻辑时，就明白天地之心的深长意味。时空如此浩渺，却不妨碍我们聆听天地的深情；岁月如此悠长，却不阻挡我们体味日月的缱绻。

四时与四方，交织纵横，这是中国人宏阔的世界观。中国孩子是幸运的，有祖先睿智的庇佑与守护，用最美好的方式告诉我们生命的存在。因此，"二十四节气"体系是对生命的指导，是每一个中国孩子一定要学习的智慧。

2013年开始,上海大学附属嘉定留云中学通过德育活动、学科实践活动和跨学科PBL项目化学习的方式,全学科教师均积极参与到传承和弘扬传统文化的教育实践中。本书的案例仅是近年来较为有代表性的优秀案例,还有大量有借鉴意义的教学案例如珍珠般散落在校园中。

  感谢两位副主编和各位编委,在整理和优化教学方案的过程中付出了大量的心血。云中人依然会继续探索和实践,并乐于分享我们的经验。

  愿所有的中华优秀传统文化传承人都有能力在这社会上扎根生长,获取资源,获得幸福。

上海大学附属嘉定留云中学校长 陈肖前

序一
PREFACE

二十四节气，作为中国传统文化的重要组成部分，蕴含着丰富的自然规律和人文内涵，它们如同一位位见证者，记录着中华民族与自然和谐共生的历史。初中，作为青少年成长的关键阶段，是知识积累、技能培养和价值观塑造的重要时期。在这一阶段，如何引导学生将理论知识与实践相结合，如何带领学生在劳动中体验学习的乐趣，如何跨学科地整合和传授知识，如何激励学生主动成为优秀传统文化的传承者，都是教育者需要深入思考的问题。而本书所呈现的将"全员导师制"与"二十四节气项目化学习"相结合的案例，正是解决这些问题的有益尝试。"全员导师制"强调每位教师都是学生的导师，不仅要传授知识，更要关注学生的全面发展，提供个性化的指导和帮助，成为学生的良师益友。

在本书中，我们可以看到，导师将自己的学科特长与二十四节气探究相结合，通过项目化学习的方式，不仅可以让学生深入了解中国传统文化，更能培养他们的实践能力、创新思维和解决问题的能力。通过这样的学习方式，学生可以在实践中学习，在学习中实践，真正做到"做中学"。

在本书中，我们可以看到，通过二十四节气项目化学习，学生们在种植、观测、记录等实践活动中，不仅学到了关于节气的知识，还培养了观察力、思考力和动手能力。这种学习方式，让学生的学习过程变得更加生动有趣，也更加符合青少年的认知特点。

本书以案例集的形式，生动展示了全员导师制、二十四节气、项目化学习、劳动教育、跨学科学习和德育课程的完美结合。这些案例不仅具有很强的实用性，更富有启发性和创新性，为教育工作者提供了宝贵的参考和借鉴，也为初中学生的全面发展指明了方向。在这个日新月异的时代，教育也需要不断地创新和进步，而《项目化学习——导师带我跟着节气去劳动案例集》一书的出版，正是教育改革创新的一个缩影，它为我们提供了一种全新的教育模式和教育理念，让我们看到了教育未来的无限可能。

相信这本案例集会对广大教育工作者和学生产生深远的影响。项目化学习不仅能够激发学生的学习兴趣、创新能力、合作意识，更能够培育新时代背景下学生的核心素养。让我们一起期待这种全新的教育模式在未来的教育中发挥更大的作用！

是为序。

上海大学附属嘉定留云中学副校长　印晓洁

序二
PREFACE

二十四节气是我国先民通过对自然现象及其规律的长期观察、记录、提炼、总结，一步步探索自然奥秘形成的知识体系和社会实践，充分体现了中国人尊重自然、效法自然、顺应自然、利用自然的观念，彰显了中国人与自然和谐相处的智慧和创造力。

作为一名导师、一名生物老师，我有幸成为留云中学"导师带我跟着节气去劳动"项目组的一员，尝试将节气与生命教育、劳动教育相融合，以春季的第三个节气——惊蛰为背景，开发"校园植物铭牌的制作"这一项目化学习课程，引领学生从中汲取节气智慧。

惊蛰时节，春雷滚滚，我们的校园渐渐出现"红杏深花，菖蒲浅芽，春畴渐暖年华"的美景。一草一木，你是否都能叫得出它们的名字呢？有时候，我们似乎习惯了这片片绿色带来的清新与舒适，却不曾亲近它们，听一听它们想说的话，看一看它们所演绎的生命。校园植物不仅发挥着其生态功能，还具备知识学习、德育教育、审美培养、劳动教育等作用。本项目带领学生真正走进校园、走近身边的生命体，在与自然的亲密接触中，去观察，去触摸，去感受，去分析。帮助学生在亲历植物调查、铭牌设计、铭牌制作、挂铭牌等过程后，无形中掌握一种观察事物的方法，生成一种调查的思路，形成一种综合解决问题的能力，学会合作，学会表达，学会生存。子问题的设计层层递进，使学生成为项目的研究者，在解决问题的过程中逐步发现植物世界的奥秘，多维度提升核心素养。

随着项目的完成，校园植物有了自己专属的名片，一个个"许愿瓶"风格的铭牌承载着热爱与美好，在留云中学的沃土上生根发芽，而一场课堂的变革也在悄然真实地发生。

(一)转换时空，开发第二课堂

学生天生对身边的事物和现象充满好奇，渴望了解身边的一切，他们有着无穷的创造力和想象力。自然科学不只是简单的知识积累，也不只发生在教室里，它还是人们观察和改变世界的一种方式。观察一棵树，触摸一株草，细嗅一朵花，学生在与大自然亲近的过程中，突破了传统学习的时空限制，唤醒了原有认知和潜在意识，将学习与生活结合起来，感受校园生活的美好，培养起主人翁意识，切实地参与到学校的人文与自然环境建设中。

(二)转变主体，凸显学生地位

随着课堂空间上的变革，学习方式也在发生着变革。项目层层推进，学生不仅是学习者，更是科学研究者、设计师、手工达人和劳动者，在解决问题的过程中，创造力、实践能力以及多学科的核心素养得以培育。

(三)转化模型，培养设计思维

项目关注学生设计思维的养成。面对问题不要急于去回避它，而要去寻找探索各种可能的解决办法，最后再确定一个最优方案，不断测试、实践和改进。这样的模型为学生保留了一个可以自主探究实践、恣意生长、获得成长的空间。

自然为师，妙造自然。校园的一切都可以承载学习的意义，自然是最好的老师。领略植物的形态各异，倾听植物的声音，树立校园主人翁意识，让能力和素养在探究中自然生成，而教师陪伴学生去发现、去创造，尊重每一个学生的差异，倾听每一个学生的声音，一起面向未来，这也是项目化学习的意义和价值所在。

上海大学附属嘉定留云中学科研主任　焦艳

目录
CONTENTS

惊蛰·校园植物铭牌的制作 / 焦艳 ·················· 1

春分·制作热转印文创作品 / 陈佳丹 ·················· 12

清明·一口青团一口春 / 沈安晴 ·················· 19

谷雨·一深一浅种春天 / 钱燕 ·················· 29

立夏·玩"美"立夏,"蛋"出精彩 / 楼芳 ·················· 37

夏至·粽香一夏 / 滕亲亲 ·················· 45

小暑·倏忽温风至,因循小暑来 / 徐玲 ·················· 54

大暑·时节方大暑,忽若秋气生 / 叶杨根 ·················· 63

立秋·云天收夏色,木叶动秋声 / 蒋海燕 ·················· 71

寒露·气凉迎寒露,山水送金秋 / 王瑞琪 ·················· 79

霜降·风卷颂清云,霜降兼茂白 / 乔丽倩 ·················· 88

立冬·秋意虽未尽消,寒风凛然而至 / 张笑笑 ·················· 98

小雪·食遇小雪,味享传统 / 游巧琴 ·················· 107

大雪·大雪渐寒,美味清欢 / 熊俊 ·················· 116

冬至·文创雅集 / 陆丹婧 ·················· 123

惊蛰·校园植物铭牌的制作

焦 艳

一、项目说明

节气活动时间	2月20日至3月6日	适用年级	八年级	总课时数	3
劳动场域	● 教室	● 教室外校园内	○ 家庭	○ 劳动/社会基地	
所属板块	○ 公共必修	○ 改编	○ 新编		
	● 特色必修	○ 非遗传承	● 跨学科主题学习	○ 劳动/社会基地实践	
所属任务群	○ 日常生活劳动	○ 清洁与卫生 ○ 烹饪与营养	○ 整理与收纳 ○ 家用器具使用与维护		
	○ 生产劳动	○ 农业生产劳动 ○ 工业生产劳动	○ 传统工艺制作 ○ 新技术体验与应用		
	● 服务性劳动	○ 现代服务业劳动	● 公益劳动与志愿服务		
项目概述	项目背景	"校园植物铭牌的制作"是教师自编的跨学科主题学习的劳动项目,此项目以春季的第三个节气——惊蛰为背景展开。学生通过调查校园植物、设计植物铭牌、制作植物铭牌、展示作品并交流心得体会,提升爱绿护绿、建设美丽校园的责任意识,在劳动中培养劳动习惯与品质、创新意识与思维,提高合作交流能力。此项目无须额外给学生配套材料,方便不同区域的教师实施。			
	驱动性问题	留云中学的植物资源丰富,但很多植物还处在"匿名"状态,假如你是惊蛰节气文化宣传大使,如何发现植物的有趣与美好呢?又如何兼具科学性、美观性和互动性?			

续　表

项目概述	学情分析	八年级的学生通过沪教版《生命科学》第二册第4章第1节植物的学习，已经认识了植物的叶、花、果实等器官，并具备初步搜集整理信息的能力、解决问题的能力、语言组织表达的能力以及团队合作的经验；已认识了纸质和塑料材料的加工工具；知道了不同材料的加工方法有剪切、刻划、连接、调整等；能够使用剪刀对纸质和塑料材料完成剪切；初步学会利用美工刀对卡纸进行直线刻划。
	项目目标	（1）通过实地调查、网络搜索和查阅书籍搜集自己需要的植物信息和资料，并对信息进行编辑、整理和加工，建设校园植物信息库，形成创新作品的能力； （2）通过调查了解校园植物铭牌的悬挂现状，达成制作铭牌的行动共识，知道植物铭牌的功能、内容、尺寸等； （3）小组讨论交流，绘制植物铭牌的草图，用文字或草图表达设计想法； （4）在自主探究、学习实践的过程中，运用分隔、分割、组合等多种方法，利用纸质和废旧塑料材料制作植物铭牌，初步具备从事简单生产劳动的能力； （5）通过自我评价、教师评价和结项反思，对劳动过程与劳动成果进行反思和总结，进一步提高创造性劳动和合作能力。
	工具与材料准备	（1）准备工具：两人为一小组，以组为单位准备剪刀、美工刀、尺子、垫板、热熔胶枪、打孔器； （2）准备材料：两人为一小组，每组课前收集废旧塑料瓶1个、废旧橡皮筋1条、胶水1瓶、调色盘1个、画笔若干、流苏1个、塑封膜1张和各色丙烯颜料。

项目结构示意图

```
              是什么？为什么？    植物调查      铭牌制作
                     \         |         /
     我为植物代言 ————————————————————————
                     /         |         \
              铭牌内容      铭牌设计    铭牌悬挂及后期管理
```

劳动素养要求

任　务	劳动观念	劳动能力	劳动习惯与品质	劳动精神
调查了解校园植物铭牌悬挂现状	○	●	○	○

续 表

	任　　务	劳动观念	劳动能力	劳动习惯与品质	劳动精神
劳动素养要求	调查各场所各类植物铭牌	○	●	●	○
	调查认识校园植物，了解其分布	○	●	●	○
	搜集信息，确定铭牌内容	○	●	●	○
	小组合作设计并绘制植物铭牌草图	○	●	●	○
	学习剪切、刻划、组合等加工方法	○	●	●	○
	小组合作制作植物铭牌	○	●	●	○
	悬挂铭牌进行测试、改进	○	●	●	●
	举行校园植物挂牌仪式，投票评选	●	●	●	○
	多维度评价，总结反思	●	●	●	●

二、项目实施

（一）入项

惊蛰时节，校园里的植物渐渐复苏，一派生机勃勃。一草一木，我们是否都能叫得出它们的名字呢？快来为你喜爱的留云中学植物制作一份专属铭牌，为它代言吧！

经过共同研讨，师生将项目总任务进行了拆解，梳理出六个板块的子问题，形成鱼骨图，并以此为基石，深入思考完成每个板块的要素，设计生成"我为植物代言"活动任务单，学生以小组为单位制定出切实可行的项目计划表。

（二）问题探究

子问题一：什么是植物铭牌？为什么要给植物做铭牌？

学生通过调研，发现校园植物铭牌的现状如下：

（1）悬挂的铭牌数量较少，不够普遍；
（2）有新的植物迁入，未能及时补充新铭牌；
（3）个别铭牌悬挂位置不够醒目；
（4）现存铭牌内容较为简略或制式，宣传效果不足；
（5）铭牌的形式不够多样。

综合以上调研结果，项目组成员达成共识，为校园植物挂铭牌不仅可以向师生普及植物学知识，多维度欣赏、认识植物，还能为校园环境的建设贡献自己的一份力量，同时可以提醒大家爱护花草树木，爱护我们的绿色校园。

子问题二：植物铭牌上可以呈现有关这种植物的哪些内容？其中，哪些内容是必需的且必须科学严谨的？哪些内容是可以个性化设计的？

通过头脑风暴，关于铭牌的内容，学生归纳出几个关键词：简洁、美观、科学，这也是我们设计铭牌时应遵循的原则。那么，铭牌上究竟要具体呈现出哪些内容呢？教师将学生们提出的问题进行汇总，并形成任务单（表1）。

表1 子问题二的任务单

解决该问题的方法	铭牌内容	必需的且必须科学严谨的内容	可个性化设计的内容
1. 2.			

学生通过观察周边的公园、小区等地方的植物铭牌，并通过网络、书籍查阅相关资料，梳理出铭牌的内容。内容上中文名称要醒目，体现学名和本地俗名，文字简介其生物学特性、习性、分布以及用途等，还可以将记录有该种植物具体信息的文字、图片、语音与视频等做成二维码，并呈现在铭牌合适位置。另外，还可以介绍一些有关该种植物的诗词、美文、花语等，赋予植物更加丰富的意义，以满足不同层次、不同维度的学习所需，同时，使其成为校园文化建设别具一格的一部分。

子问题三：植物铭牌上的内容可通过哪些途径知晓呢？遇到不认识、不熟悉的植物怎么办？

植物铭牌上的内容可以非常便捷地通过网络搜索、查阅书籍等方式获取，但如果这种植物是我们不认识、不熟悉的，查阅资料似乎就成了大海捞针。为了解决这一难题，教师向项目组的学生讲授了进行植物观察和鉴别的方法，并推荐了一些数据库与专业书籍，如："中国植物物种信息库"、《中国高等植物图鉴》、《了解植物，关心生态》等，还有几个识别植物的App软件作为辅助。

学生以小组为单位，明确分工后，即开始对校园植物进行调查。在调查的过程中，借助纸、笔和相机等工具，对植物进行记录。对植物的主体和果实、种子、叶、花等器官进行拍照，并上传至科艺植物科普小程序，最终生成校园植物名录（表2）及校园绿色地图。

表2　校园植物部分名录

序号	拉丁科名	中文科名	属名	中文属名	拉丁名	中文名
1	Viburnaceae	荚蒾科	*Viburnum*	荚蒾属	*Viburnum odoratissimum* Ker Gawl	珊瑚树
2	Aquifoliaceae	冬青科	*Llex*	冬青属	*Llex hylonoma* Hu & Tang	细刺枸骨
3	Asparagaceae	天门冬科	*Ophiopogon*	沿阶草属	*Ophiopogon japonicus*（L.F.）Ker Gawl.	麦冬
4	Berberidaceae	小檗科	*Nandina*	南天竹属	*Nandina domestica* Thunb.	南天竹
5	Bignoniaceae	紫葳科	*Campsis*	凌霄属	*Campsis grandiflora*（Thunb.）Schum.	凌霄
6	Buxaceae	黄杨科	*Buxus*	黄杨属	*Buxus megistophylla* H. Lév.	大叶黄杨

子问题四：你喜爱的校园植物是什么？在哪里？请为它设计一份铭牌吧！

植物调查结束后，学生可选择自己喜爱的一种校园植物，为它设计一份专属铭牌。

2020年，国内首个植物铭牌地方标准《植物铭牌设置规范（上海市）》经上海市市场监督管理局批准并正式发布，这也为我们设计校园植物铭牌提供了标准化、科学性的参考。铭牌的正面即可依据该规范，通过文字简介植物的中文名、学名、别名、特征与观赏性、生态习性等，铭牌的背面可介绍该种植物相关的诗句、美文、花语、象征意义、用途、趣味小故事等，凸显个性化设计，帮助人们多维度、立体地了解植物。

植物信息二维码的制作，经喜爱度投票并综合考虑学生现有的技术，确定采用音频转二维码的形式。录制音频前，学生先完成了以"我为植物代言"为主题的小作文。教师进行写作指导，引导学生细读一些范例，在具体的表达上，有提纲式、叙述式、个性化等不同写法。提纲式，并列表达，分项说明，条理清楚，一目了然；叙述式，用说话的语气，娓娓道来，重点突出，让人倍感亲切；个性化表达，或采用第一人称，或采用拟人化手法，生动有趣，能吸引人。

依据书写的文本，二维码的制作就轻而易举了。学生将录制好的音频生成二维码，并打印成合适的大小（1.5cm×1.5cm），粘贴于植物铭牌适当的位置。另外，电子版的二维码也可同之前生成的植物名录及绿色地图一并存储于校园植物数据库中，以供实时修改纠正、更新迭代，保证植物信息的准确性。

子问题五：植物铭牌有哪些形式和尺寸上的要求？可用什么材料来制作铭牌？材料的选择要考虑哪些因素？

铭牌的设计图已经有了，接下来的重要任务就是要将设计图变现。

铭牌是用套绳挂牌还是立支柱牌？老师和同学更喜欢什么风格的铭牌？铭牌做多大尺寸比较适合？选用什么材料制作才能防晒防水，更加经久耐用？制作成本如何控制才能做到物美价廉？

基于以上关键问题，学生通过对环境和植物的实地考察与测量，确定了铭牌采用套绳挂牌的形式，大小在20cm×15cm范围内；通过对周围老师、同学的访谈，确定了这次的铭牌统一为"许愿瓶"风格，一年之计在于春，希望一个个许愿瓶承载着大家的美好愿望和梦想，在留云中学的沃土上生根发芽；通过对材料的对比和可行性分析，确定塑封/塑料瓶+卡纸的组合为制作材料，辅以干花、书签穗为装饰，既美观灵动，又实现了废物的再利用，绿色环保且节约成本。

子问题六：为植物挂铭牌时应注意什么？后续铭牌的管理与维护该如何进行？

为植物挂铭牌时，学生应考虑每种植物的生长特性，选择对植物伤害最小的挂牌方式。即使树木生长变粗，铭牌也能够灵活地调整。同时，也应注意不要影响植物原有的美感，考虑是否会给其他活动的开展带来影响。另外，悬挂的高度和密度也要科学合理。

悬挂好铭牌并不意味着项目的结束,后续的管理与维护至关重要。专人管理,定期巡查,发现铭牌有缺失、破损、字迹不清的,应及时补充、扶正、修复、保洁,挂绳也应根据使用的材料和植物的生长速度,适时调节或更换。

(三)出项

在校园植物挂铭牌活动的仪式上,项目组的学生一方面介绍了自己是如何设计并制作植物铭牌的,另一方面介绍了该种植物。受邀参加活动的师生代表聆听了学生的介绍,并分小组选择其中喜爱的植物进行了认领活动。

仪式后,师生一起为校园植物挂上了专属铭牌(图1至图4)。

对于出项展示的评价主要从三个维度展开,分别是项目方案、研究方法和成果介绍。其中,项目方案主要围绕项目成果本身进行评估,包括能否体现铭牌设计的科学性、美观性和创新性,能否体现铭牌选材的实用性,能否体现铭牌悬挂的规范性等。研究方法主要围绕项目实施过程进行评估,包括是否有真实的研究过程,研究材料是否完整,能否体现小组分工与合作等。成果介绍主要围绕现场表达进行评估,包括表达是否清晰完整,是否有说服力和感染力等。

图1 项目组学生合影

图2 设计作品一　　　　图3 设计作品二　　　　图4 为植物挂上铭牌

通过这样的出项活动，学生在继设计并制作植物铭牌之后，又亲自将铭牌陈列在校园之中，学生与校园植物的联系进一步加强。不仅能够极大地提高师生的主人翁意识，还能为校园环境添加一抹不一样的色彩。

三、项目评价

为了全面关注学生的能力与素养发展，针对本项目的表现性任务，分别从劳动课程素养和项目化学习素养两大方面对学生进行表现性评价。

（一）劳动课程素养评价（表3）

表3　劳动课程素养评价

劳动素养	具体指标	素 养 要 求	星级评价
劳动能力	知识技能	正确使用常用工具，根据设计完成作品的制作并对作品进行修改完善与迭代	☆☆☆
	筹划思维	准备相应的材料和工具，讨论安全注意事项，预想劳动过程中的困难及解决方法	☆☆☆
	劳动创造	根据劳动任务的作用、意义和价值进行创造性劳动，取得体现创新精神的劳动成果	☆☆☆

续 表

劳动素养	具体指标	素 养 要 求	星级评价
劳动能力	团队合作	知道合作需要合理的任务分工，能听从组长的安排，共同完成任务	☆☆☆
劳动习惯与品质	自觉劳动	在参与劳动过程中，发挥主观能动性并愿意努力地进行劳动	☆☆☆

（二）项目化学习素养评价（表4）

四、反思与迁移

教师引导学生利用结项反思单对整个项目的学习过程和学习成果进行反思，对课程的设计和实施进行反馈，并对那些在项目实施中还未解决的、未来想要继续研究改进的问题进行了设想。

（一）培养了学习兴趣与责任意识

作为学生，亲历为校园植物设计、制作、悬挂铭牌，不仅培养了学习生命科学的兴趣，提高了积极解决问题的能力和设计思维的应用能力，同时，还培养了积极负责、有担当、热爱学校和大自然的良好品德。随着项目的完成，我们的校园植物有了自己专属的名片，当我们再次畅游校园时，当这些设计制作者们再次看到这些铭牌时，内心是充满欢快、自豪与热爱的。

（二）师生应加强沟通，教师应及时给予学生必要的专业指导

学生在项目实施过程中，也遇到了不少困难，其中最具挑战的当属植物的鉴别了。由于各类植物的生长周期不同，在对校园植物进行调研的时候，有的植物还没长出叶子，有的植物还没有开花、没有果实，无法同时观察到植物的所有器官，这就对植物的鉴别造成了客观上的阻碍。还有一些植物的形态特征非常的相似，导致区分上的困难。为了保证科学性，师生应加强沟通交流，教师需严格把关，并以一个参与者的身份参加项目活动，及时给予学生必要的专业指导。

表4 项目化学习素养评价

一级维度素养	二级维度素养	新 手	基 本	合 格	进 阶
使用资料	综合多元资料	能够就同一话题的多份资料通过比较和分类整合资料	能够通过比较多份资料中的信息来建立资料之间的联系	能够通过把来自不同资料源中的相似信息分组来建立资料之间的联系，或者能够识别不同资料间内容、种类间的不同	能够就不同资料源中的信息进行对比和分组，以加强或延伸讨论点或解释
艺术素养	艺术创造	能够初步掌握一些所学艺术形式的创作方法和技巧	能够初步掌握所学艺术形式的创作方法和技巧	能够基本掌握所学艺术形式的创作方法和技巧并能够创作简单的艺术作品	能够掌握所学艺术形式的创作方法和技巧并能够创作完整的艺术作品
责任意识	承担责任	（1）能够对自己负责，关心集体； （2）能够积极参与志愿者活动、社区服务活动； （3）能够参与校园生活的民主实践	（1）有主人翁意识，对自己负责，关心集体； （2）有担当精神，积极参与志愿者服务活动，践行绿色生活方式； （3）能够根据规则参与校园生活的民主实践	（1）有主人翁意识，对自己负责，关心集体，关心社会，关心国家； （2）有担当精神，具有为人民服务的奉献精神，积极参与志愿者活动、社区服务活动，热爱自然，践行绿色生活方式； （3）能够依法依规参与公共事务，与校园生活的民主实践	（1）有主人翁意识，对自己负责，关心集体，关心社会，关心国家； （2）有担当精神，具有为人民服务的奉献精神，积极参与志愿者活动、社区服务活动，热爱自然，践行绿色生活方式； （3）能够依法依规参与公共事务，根据规则参与校园生活的民主实践； （4）能够做出具有长期积极影响力的行动

（三）在总结与反思经验的基础上对本项目进行更新迭代

在未来，本项目将会在总结反思经验的基础上更新迭代，如：制作铭牌的材料会更加多样化，木头、金属均可；用3D打印技术和激光切割技术对制作铭牌的材料进行加工；除了音频外，可以尝试自制介绍植物的视频，生成二维码；扩大植物调查的范围，使得植物名录和绿色地图更加完整；设计一个详细可行的后期维护和管理铭牌的计划等。虽然本项目已经结束，但希望师生对项目的进一步研究能够一直在路上。

五、学生随笔

通过"校园植物铭牌的制作"课程，我对校园里的植物有了更深的认识和了解。在这个过程中，我不仅学习到了各种植物的名称、特性和生长环境，还体会到了劳动的乐趣和团队合作的重要性。通过亲手为植物制作和挂上铭牌，美化校园环境，我感受到了一种成就感和责任感。这次经历无疑丰富了我的校园生活，也让我对自然和生命有了更多的思考，对保护植物、爱护自然有了更深的认识。

——杨景乾

在参与"校园植物铭牌的制作"的项目化学习劳动课程中，我获得了宝贵的知识和实践经验。这个项目不仅让我认识到了校园内多样的植物种类，还让我学会了如何去观察和研究它们。通过探究，我了解到每种植物背后的生态价值和文化意义，这让我对植物产生了更深的敬意。此外，亲手制作铭牌并将其挂在植物上，让我体会到了劳动的满足感，也让我意识到了为校园环境作出贡献的重要性。

——李承萱

春分·制作热转印文创作品

陈佳丹

一、项目说明

节气活动时间	节气前一周	适用年级	七年级	总课时数	4
劳动场域	● 教室	● 教室外校园内	○ 家庭	○ 劳动/社会基地	
所属板块	○ 公共必修	○ 改编	○ 新编		
	● 特色必修	○ 非遗传承	● 跨学科主题学习	○ 劳动/社会基地实践	
所属任务群	○ 日常生活劳动	○ 清洁与卫生 ○ 烹饪与营养	○ 整理与收纳 ○ 家用器具使用与维护		
	● 生产劳动	○ 农业生产劳动 ○ 工业生产劳动	○ 传统工艺制作 ● 新技术体验与应用		
	○ 服务性劳动	○ 现代服务业劳动	○ 公益劳动与志愿服务		
项目概述	项目背景	"制作热转印文创作品"是教师自编的跨学科主题学习的劳动项目。春分时节，万物复苏，生机勃勃，为校园文创作品创作提供了丰富的灵感和素材。学生可以运用校园内春天的元素，设计出富有生机和美感的作品，热转印技术可以为学生提供一个将创意转化为实际产品的机会。热转印文创产品具有较高的实用性和观赏性，可以成为校园文化的传播者，增强学生对校园的归属感和认同感。同时，这也是对春分节气的创新传承方式，可以让学生在创作过程中感受传统与现代的融合。学生在亲历校园采风、构思编辑照片、热转印图片、制作文创作品的过程中，学会将所见美景转化为文创衍生品的方法，形成发现美、认识美、理解美、欣赏美、创作美的能力，锻炼交流、合作、整合、实践的综合能力，感受春分时节的自然美好，体会劳动创造美好生活的意义。			

续 表

项目概述	驱动性问题	校园的春日景色美不胜收，却也转瞬即逝。假如你是春分节气文化宣传大使，如何使用热转印技术创作文创作品，将这份春色保留下来？
	学情分析	通过六年级信息科技课程的学习，学生能够选择较为合适的数字设备、平台和资源，开展探究性学习，进行创作。通过六年级劳动课程的学习，学生能够正确、安全、规范、有效地开展劳动；在活动中团结协作，遵守纪律；具备一定的审美意识；初步形成积极探索、追求创新的精神。
	项目目标	（1）通过校园采风，关注校园环境的变化，感受节气之美； （2）学会使用合适的软件编辑图片的技术，提升设计能力； （3）通过制作文创作品，初步掌握热转印技术的使用方法，养成安全规范的劳动习惯，提升创造性劳动的热情，体会劳动创造美好生活的意义。
	工具与材料准备	（1）准备工具：热转印机器、相机、计算机； （2）准备材料：热转印纸、空白风筝、空白帆布包、空白拼图、空白抱枕等。

项目结构示意图	是什么？为什么？ → 校园采风 → 图片设计 → 热转印技术 → 文创作品制作

劳动素养要求	任 务	劳动观念	劳动能力	劳动习惯与品质	劳动精神
	查阅春分节气资料	○	●	○	○
	校园采风	○	●	○	○
	编辑照片	○	●	●	○
	学习热转印技术	○	●	●	●
	制作文创作品	○	●	●	●
	评价、总结、反思	●	●	●	●

二、项目实施

（一）入项

春分，是春季的第四个节气，象征着季节平分，昼夜平分。随着春分的到来，校园里东风含笑，万紫千红，草长莺飞，雨霁风光，分外惬意。"校园的春日景色美不胜收，却也转瞬即逝。假如你是春分节气文化宣传大使，如何使用热转印技术创作文创作品，将这份春色保留下来？"学生头脑风暴出了许多文创作品的形式。师生共同研讨，将项目总任务进行了拆解，梳理出五个板块的子问题。

（二）问题探究

子问题一：什么是春分节气？为什么要在春分这个节气开展活动？

学生通过查阅资料，了解春分节气的由来，明确开展此次项目化学习的意义所在。

子问题二：在校园内进行采风摄像时，有哪些小窍门？

学生查阅分享拍照的技巧，在校园内捕捉美好的景象和春色。

子问题三：如何进行图片设计，有哪些软件可以美化照片？

学生通过查阅资料，学习美化编辑照片的软件来设计图片，并通过查阅春分节气资料、诗歌、花语等方式，为图片配文，丰富图片画面，传递节气信息。

子问题四：如何使用热转印技术来制作文创作品？

学生讨论制作途径和方法，教师向学生介绍热转印技术，学生自行观看技术操作视频，记录使用要点，通过小组合作探索的方式学习热转印技术。

子问题五：选择文创作品的类型时需要考虑哪些因素？

学生通过查阅资料，了解不同文创作品的类型，综合考虑实用性、美观性、宣传性、可操作性、性价比等角度，选择抱枕、帆布包、拼图及风筝来制作文创作品，用文创作品来留住校园春色。

（三）出项

在春分节气的氛围中，学生可以用上自己制作的节气帆布包，在即将到来的周末踏青之行中放飞自制风筝，放飞春色（图1至图4）。

图1 项目组学生合影

图2 节气帆布包

图3 制作的节气拼图

图4 放飞自制风筝

三、项目评价

为了全面关注学生的能力与素养发展，针对本项目的表现性任务，分别从劳动课程素养和项目化学习素养两大方面对学生进行表现性评价。

（一）劳动课程素养评价（表1）

表1 劳动课程素养评价

劳动素养	具体指标	素养要求	星级评价
劳动能力	知识技能	正确使用常用工具，运用图样或文字等表达设计思想，根据设计完成作品的制作	☆☆☆
劳动能力	筹划思维	准备相应的材料和工具，讨论安全注意事项，预想劳动过程中的困难及解决方法	☆☆☆
劳动能力	劳动创造	根据劳动任务的作用、意义和价值进行创造性劳动，取得体现创新精神的劳动成果	☆☆☆
劳动能力	团队合作	知道合作需要合理的任务分工，能听从组长的安排，共同完成任务	☆☆☆
劳动习惯与品质	工匠精神	在劳动过程中，不断追求品质，精益求精，并富有创造精神，追求卓越	☆☆☆

（二）项目化学习素养评价（表2）

四、反思与迁移

随着项目的完成，学生用自己的创意与设计点缀生活、美化生活。通过这次学习，学生体验并掌握了从挖掘素材、构思设计到制作作品的完整过程，相信学生可以举一反三，利用这种形式创作出更有趣的作品。

（一）热转印技术的深入探究

学生可以从材料选择和操作技巧两方面来优化热转印技术。学生可以进行实验和对比，探究不同温度、时间和压力对热转印效果的影响，以掌握最佳的制作方法。学生也可以研究热转印所使用的纸张、油墨或颜料等材料的特性，了解不同材料的质量、耐久性和适用范围，探索如何选择合适的材料来达到理想的作品效果。

表2 项目化学习素养评价

一级维度素养	二级维度素养	新 手	基 本	合 格	进 阶
使用资料	综合多元资料	能够就同一话题的多份资料通过比较和分类整合资信息来	能够通过比较多份资料中的信息建立资料之间的联系	能够通过把来自不同资料源中的相似信息分组来建立资料之间的联系，或者能够识别不同资料间内容、种类的不同	能够就不同资料源中的信息进行对比和分组，以加强或延伸论点或解释
艺术素养	创造	能够初步掌握一些所学艺术形式的创作方法和技巧	能够初步掌握所学艺术形式的创作方法和技巧	能够基本掌握所学艺术形式的创作方法和技巧并能够创作简单的艺术作品	能够掌握所学艺术形式的创作方法和技巧并能够创作完整的艺术作品
问题解决	执行方案	能够参考计划粗略地推进方案的执行，但执行效果不理想，只能满足原始方案的小部分要求	能够按计划推进方案的执行，但执行效果可能不理想，只能满足原始方案的部分要求	（1）能够按计划推进方案的执行，满足大部分方案的要求；（2）能够收集执行过程中的反馈	（1）能够按计划推进方案的执行，满足全部要求，并在必要的情况下进行一定的"灵活"更改；（2）能够基于执行方案过程中收集的反馈，进行问题解决流程上的优化
产出/公开展示	应用多媒体交流	（1）能够在有指导和支持的情况下，使用多媒体技术和工具来展开观点（以文本或其他可视化的表达形式）；（2）掌握指定的多媒体技术或工具中最相关的部分	（1）能够在一些指导和支持的情况下，使用多媒体技术和工具来澄清观点，强化表达要点；（2）能够合理地运用指定的多媒体技术和工具	（1）能够有目的地使用多媒体技术和工具来澄清观点，强化信息，并引起观众的兴趣；（2）能够有目的地运用多媒体技术和工具	（1）能够有策略地使用多媒体工具来强化观点，证据和表达，能够吸引观众的兴趣，并增强观众对于表意的理解；（2）能够有目的地运用多媒体工具

（二）文化内涵与环保可持续

学生可以深入探究节气文化元素的意义和背景，思考如何通过作品传达文化价值和故事。同时，教师可以引导学生思考热转印过程中的环保问题，如材料的可持续性、废弃物处理等，探讨如何在制作过程中减少对环境的影响，并寻找可替代的环保材料和方法。

（三）共享学习资源包

在学生探究节气文化和学习劳动技术的过程中，涉及资料的查阅和整理。为了更有效地实现资源的共建共享，教师可以引导小组创建一个线上平台，如共享网盘或团队协作工具，让学生将自己收集到的资源上传到平台上，方便其他同学下载和使用。

校园的一切都可以承载学习的意义。以自然为师，与环境为友，将学习与生活有机结合。随着二十四节气的转换，感知自然界的细微变化，体会其中的文化意蕴，发挥与自然和谐相处的智慧和创造力，让节气焕发新生命，这就是项目化学习的意义和价值所在。

五、学生随笔

通过参与这个项目，我不仅学会了如何运用热转印技术将美丽的春日景色定格在实物上，还对春分这个节气有了更深刻的理解。在校园采风的过程中，我发现了许多平时未曾注意到的细节，如花朵的盛开、小鸟的鸣叫，这些都让我更加珍惜和欣赏自然的美丽。我感到非常自豪，因为我们的作品不仅美化了校园，也成为传播校园文化的载体。

——王沐英

这次项目让我收获颇丰。我学会了使用热转印的机器来进行创作。我也更加明白了劳动的意义，它不仅能创造美，还能让我们的生活更加丰富多彩。此外，与同学们一起合作设计文创作品，也锻炼了我的团队协作能力和创新思维。

——陈朗为

清明·一口青团一口春

沈安晴

一、项目说明

节气活动时间	3月25日至4月5日	适用年级	六年级	总课时数	4
劳动场域	● 教室	● 教室外校园内	○ 家庭		○ 劳动/社会基地
所属板块	○ 公共必修 ● 特色必修	○ 改编 ○ 非遗传承	○ 新编 ● 跨学科主题学习		○ 劳动/社会基地实践
所属任务群	● 日常生活劳动	○ 清洁与卫生 ● 烹饪与营养	○ 整理与收纳 ○ 家用器具使用与维护		
	○ 生产劳动	○ 农业生产劳动 ○ 工业生产劳动	○ 传统工艺制作 ○ 新技术体验与应用		
	○ 服务性劳动	○ 现代服务业劳动	○ 公益劳动与志愿服务		
项目概述	项目背景	"一口青团一口春"是教师自编的跨学科主题学习的劳动项目。此项目基于留云中学的校园文化特色，拓展"云"德育特色的传承式国学教育内涵，以春季的第五个节气——清明为背景展开。江南一带在这个时节有吃青团的风俗习惯，青团油绿如玉，糯韧绵软，清香扑鼻，吃起来甜而不腻。青团还是江南一带人们用来祭祀祖先的必备食品，正因为如此，青团在江南一带的民间食俗中显得格外重要。学生探索青团的历史渊源，了解青团的发展变迁，再亲历青团的制作过程，感受传统美食的魅力。			
	驱动性问题	假如你是清明节气文化宣传大使，如何制作一份青团？青团之于清明节有怎样的文化内涵？青团这样的传统美食在现代又有了哪些新的发展？			

续 表

项目概述	学情分析	在学科知识方面，学生通过平时的课堂学习和课后阅读，对清明节这一传统节日的历史渊源、文化内涵和习俗特点有了较为系统的了解。学生知道清明节是中华民族的传统节日，既是扫墓祭祖的肃穆日子，也是人们亲近自然、踏青游玩、享受春天乐趣的节日。在劳动知识与能力方面，学生普遍具有一定的生活自理能力和基本的劳动技能，了解基本的劳动安全知识和卫生常识，能够正确使用简单的劳动工具和设备。然而，在食品加工和烹饪方面，学生的经验相对较少，对于食材的处理、工具的使用和烹饪技巧的掌握还不够熟练。
	项目目标	（1）了解青团的由来和历史渊源，掌握青团的制作方法和文化内涵； （2）学会制作青团，增强学生的动手实践能力，在操作过程中养成耐心、细心的劳动品质； （3）培养学生对中国传统文化的兴趣和热爱，让学生懂得珍惜和传承文化遗产； （4）能对劳动过程和成果进行反思和总结，提高创造性劳动的能力。
	工具与材料准备	（1）准备工具：勺子、擀面杖、食品盘、蒸笼、操作台（以上工具需要一定的操作空间和操作环境，可提前联系学校食堂进行准备）； （2）准备材料：面团、馅料、一次性食品手套、保鲜盒、包装盒（根据实际人数调整物料量）。
项目结构示意图		01｜青团是什么？为什么要吃青团？ 02｜青团在发展过程中经历了怎样的变迁？ 03｜如何制作一份青团？

劳动素养要求	任　务	劳动观念	劳动能力	劳动习惯与品质	劳动精神
	搜索信息，了解青团和清明节的关系	○	●	○	○
	制作清明节和青团的关系PPT	○	●	●	○

续表

	任　　务	劳动观念	劳动能力	劳动习惯与品质	劳动精神
劳动素养要求	调查青团的历史典故	○	●	●	○
	制作创意小报	○	●	●	○
	了解青团的制作工序	○	●	●	○
	学习制作青团	○	●	●	●
	多维度评价，总结反思	●	●	●	●

二、项目实施

（一）入项

青团是中国传统节日中的一种特色食品，由糯米、豆沙等食材制成，形状独特，色泽清新，口感软糯。作为重要的传统食品，青团不仅具备美食的价值，更承载了深厚的文化内涵和历史渊源。要感受青团的文化内涵，可以通过调查研究、实践体验等方式，并制定相关活动，经过学生小组讨论探究，我们梳理出以下几个子问题。

（二）问题探究

子问题一：青团是什么？为什么要吃青团？

学生需要了解青团的起源，小组通过网上资料搜索制成PPT，为大家介绍青团和清明节的关系。

子问题二：青团在发展过程中经历了怎样的变迁？

经过对青团的历史典故了解，学生知道了最初的青团是用糯米粉制成的，里面包裹着豆沙或肉馅等馅料。在宋代，青团被广泛传播，并成为清明节的传统食品。随着时间的推移，青团的做法和口味也不断进行改良创新，如今已经成为一种具有代表性的地方特色小吃，各地不同口味的青团也层出不穷。部分学生还制成了创意小报，有的还尝试和家人制作创意青团。

子问题三：如何制作一份青团？

要了解青团的制作工序，学生需要了解主要食材和工具、烹饪手法、烹饪时间等，有的通过网络搜索学习流程，有的求教于家中长辈确定细节。

为了实现在校园内完成一次青团制作，学校联合"一片天餐饮"为学生提供场地和材料，并特地请来传统糕点制作的师傅，为大家进行现场教学。

（三）出项

学生现场学习制作青团，初次出品，形态各异，并将制作好的青团进行蒸煮，又将新鲜出笼的青团打包。品尝鲜香软糯的青团，真是一口青团、一份春意；还有学生绘制了青团插画（图1至图5）。看到了，吃到了，春天真的到了！

图1　项目组学生合影

图2 制作的青团　　　　　　图3 打包好的青团

图4 青团插图一　　　　　　图5 青团插图二

三、项目评价

（一）劳动课程素养评价（表1）

表1　劳动课程素养评价

劳动素养	具体指标	素　养　要　求	星级评价
劳动能力	知识技能	了解常用劳动工具，正确使用常用工具，根据设计完成作品的制作	☆☆☆
	筹划思维	准备相应的材料和工具，讨论安全注意事项，预想劳动过程中的困难及解决方法	☆☆☆

续 表

劳动素养	具体指标	素 养 要 求	星级评价
劳动能力	团队合作	知道合作需要合理的任务分工，能听从组长的安排，共同完成任务；合作中发现问题能虚心听取他人意见，学会分析判断，齐心协力共同商量解决	☆☆☆
劳动习惯与品质	工匠精神	在劳动过程中不怕脏、不怕累，吃苦耐劳；在劳动过程中，不断追求品质，精益求精，并富有创造精神，追求卓越	☆☆☆

（二）项目化学习素养评价（表2）

四、反思与迁移

随着项目的完成，学生对于传统文化和传统美食有了更深的了解，经历了溯源—发展—创作，对于自己的劳动成果也十分珍惜。也可以引导学生进行以下反思与迁移：

（一）知识与技能的内化与迁移

回顾青团制作过程中的成功与失败，分析所掌握的技能和知识，并思考如何将这些技能应用于日常生活或其他学习领域。如可以思考如何将面团制作的技巧应用于其他烹饪活动，或者如何将对传统节日文化的理解迁移到对其他文化的研究上。

评估自己在项目中的表现，识别自己的优势和不足，并思考如何在未来的项目中改进和提升。

（二）情感与社交能力的反思

反思在项目中体验到的情感变化，如团队合作的喜悦、面对挑战的焦虑等，并思考这些情感如何影响自己的学习和合作过程。分析自己在团队中的角色和表现，评估自己的沟通、协作和分享能力，并思考如何更好地与他人合作，以实现共同的目标。

表2 项目化学习素养评价

一级维度素养	二级维度素养	新 手	基 本	合 格	进 阶
使用资料	综合多元资料	能够就同一话题的多份资料通过比较和分类信息来整合资料	能够通过比较多份资料中的信息来建立资料之间的联系	能够通过把来自不同资料源中的相似信息分组来建立资料之间的联系，或者能够识别不同资料间内容、种类的不同	能够就不同资料源中的信息进行对比和分组，以加强或延伸不同论点或解释
问题解决	制定方案	（1）能够在引导下，选择贴近问题背景的解决策略或方法；（2）能够在给定引导的情况下，以及引导下对方案进行整体"印象"的判断	（1）能够自主选择贴近问题情景的解决策略或方法；（2）能够在给定评价标准的情况下，对方案进行整体"印象"的判断	（1）能够自主选择合适的策略或方法来解决问题；（2）能够选择或制定相应的评价标准来评估方案或策略的整体"印象"以及合理性	（1）能够自主选择多个有效的策略或方法来高效地解决问题；（2）能够选择或制定合适的评估标准来评估方案或策略的有效性，并基于评估结果确定方案或策略进一步需要的行动
	执行方案	能够参考计划粗略地推进方案的执行，但执行效果不理想，只能满足原始方案的小部分要求	能够按计划推进方案的执行，但效果可能不理想，只能满足原始方案的部分要求	（1）能够按计划推进方案的执行，满足原始方案的大部分要求；（2）能够收集执行过程中问题解决的反馈	（1）能够计划推进方案的执行，满足原始方案的全部要求，并且在必要的情况下进行一定的"灵活"更改；（2）能够基于执行方案过程中收集的反馈，进行问题解决流程上的优化

续表

一级维度素养	二级维度素养	新 手	基 本	合 格	进 阶
产出/公开展示	应用多媒体交流	(1) 能够在有指导和支持的情况下，使用多媒体技术和工具来展开观点的表达（以文本或其他可视化的表达形式）； (2) 掌握指定的多媒体技术或工具中最相关的部分	(1) 能够在一些指导和支持的情况下，使用多媒体技术和工具来澄清信息，强化特定的表达要点； (2) 能够合理地运用指定的多媒体技术和工具	(1) 能够有目的地使用多媒体技术和工具来澄清信息、强化观点，并引起观众的兴趣； (2) 能够有目的地运用多媒体技术和工具	(1) 能够有策略地使用多媒体技术和工具来强化观点，证据的表达；能够吸引观众的兴趣，并增强观众对于表意的理解； (2) 能够有目的地运用多媒体技术和工具

（三）持续学习与项目拓展

提出对未来青团制作或其他传统节日相关项目的设想和建议，探讨如何将本次项目的经验应用于未来的学习和工作中。

鼓励持续学习和探究，如阅读相关书籍、文章或参加相关活动等，以深化对传统节日文化的理解，并拓展自己的知识和技能。

将反思报告存入学习档案，作为未来学习的参考和回顾，以便不断回顾自己的成长和进步，这也许就是传承的初步尝试，去了解，去继承，去发扬，历久弥新，生生不息。

校园的一切都可以承载学习的意义。以自然为师，与环境为友，将学习与生活有机结合。随着二十四节气的转换，感知自然界的细微变化，体会其中的文化意蕴，发挥与自然和谐相处的智慧和创造力，让节气焕发新生命，这就是项目化学习的意义和价值所在。

五、学生随笔

在传统文化方面，清明制作青团这一主题让我更加深入地了解了清明节这一传统节日的文化内涵。青团作为清明节的传统食品，不仅承载了人们对先人的怀念与敬仰，还蕴含了丰富的历史文化信息。亲手制作青团，让我感受到了传统文化的独特魅力和深厚底蕴，也增强了我对传统文化的认同感和自豪感。

在劳动品质与能力方面，制作青团的过程需要耐心和细心，每一步都不能马虎。从准备材料到揉面、包馅、蒸制，每一个环节都需要我们亲自动手，用心去完成。这不仅锻炼了我的动手能力，也让我学会了如何与他人合作，共同完成任务。在劳动中，我体会到了辛勤付出后的喜悦和成就感，这也培养了我吃苦耐劳的精神和认真负责的态度。

——胡可

这次项目化学习提高了我的综合素养。在制作青团的过程中，我不仅学习了关于清明节和青团的历史知识，还涉及了食材搭配、烹饪技巧等方面的知识。通过跨学科的学习和实践，我拓宽了知识面，提高了综合运用知识的能力。同时，我也学会了如何独立思考、创新实践和批判性思维，这些能力对于我未来的发展具有重要意义。

在师生关系方面，这次项目化学习也让我与老师之间的关系更加融洽。老师在制作过程中给予了我们耐心的指导和帮助，让我们能够更好地完成任务。通过与老师的交流和互动，我不仅学到了知识和技能，也感受到了他们的关心和支持。这种亲密的师生关系让我更加珍惜这次学习的机会，也激发了我对学习的热情和兴趣。

——李林轩

谷雨·一深一浅种春天

钱 燕

一、项目说明

节气活动时间	4月10—20日	适用年级	六年级	总课时数	4
劳动场域	● 教室	● 教室外校园内	○ 家庭	○ 劳动/社会基地	
所属板块	○ 公共必修 ● 特色必修	○ 改编 ○ 非遗传承	○ 新编 ● 跨学科主题学习	○ 劳动/社会基地实践	
所属任务群	○ 日常生活劳动	清洁与卫生 烹饪与营养	○ 整理与收纳 ○ 家用器具使用与维护		
	● 生产劳动	● 农业生产劳动 ○ 工业生产劳动	○ 传统工艺制作 ○ 新技术体验与应用		
	○ 服务性劳动	○ 现代服务业劳动	○ 公益劳动与志愿服务		
项目概述	项目背景	"一深一浅种春天"是教师自编的跨学科主题学习的劳动项目。此项目基于留云中学的校园文化特色，拓展"云"德育特色的传承式国学教育内涵，谷雨是春季最后一个节气，它标志着气温的升高和雨量的增加，对于农耕社会来说，这个时期是春耕的关键时期。在中国传统文化中，谷雨节气有着深刻的内涵和重大的意义。学生通过调查研究、实地考察等方式，探究谷雨节气的含义、影响和传统习俗，并亲身实践，种瓜点豆，体验春耕的乐趣，感受春耕的意义。			
	驱动性问题	假如你是谷雨节气文化宣传大使，如何进行种瓜点豆?			

续 表

项目概述	学情分析	六年级的学生通过对部编版（五·四学制）《语文》六年级下册第4课的古代诗歌三首的学习，已经对中华传统风俗有了一定的了解，产生了探索的兴趣和欲望。同时该学段的学生已具备基本的劳动技能和生活经验，以及初步搜集整理信息的能力、解决问题的能力。
	项目目标	（1）了解谷雨节气的由来和历史渊源，掌握谷雨节气的文化内涵和传统习俗； （2）学会种瓜点豆，感受持续性劳动的艰辛和不易，懂得珍惜劳动成果，养成持之以恒的劳动品质，以传承和弘扬中国传统农事文化； （3）培养学生对传统文化的兴趣和热爱，让学生懂得珍惜和传承文化遗产； （4）能对劳动过程和成果进行反思和总结，提高创造性劳动的能力。
	工具与材料准备	(1)准备工具：5人为一小组，每组准备铲子3把，水桶1只； (2)准备材料：每组准备种子5包、营养土2袋，认领校园废弃花盆1个

项目结构示意图

```
搜索信息，了解谷雨节气   采访调查谷雨时节种瓜点豆所需的准备工作   松土，挖坑，播种，浇水
        ↑                    ↑                              ↑
────────┼────────────────────┼──────────────────────────────┼──────→
                ↓                        ↓
       制作与谷雨节气         制作详细的
       相关的知识卡片         准备工作表
```

劳动素养要求

任　　务	劳动观念	劳动能力	劳动习惯与品质	劳动精神
搜索信息，了解谷雨节气	○	●	●	○
制作与谷雨节气相关的知识卡片	○	●	●	○
调查谷雨时节种瓜点豆的准备工作	○	●	●	○

	任务	劳动观念	劳动能力	劳动习惯与品质	劳动精神
劳动素养要求	制作详细的准备工作表	○	●	●	○
	学习实践松土、挖坑、播种和浇水技术	●	●	●	●
	多维度评价，总结反思	●	●	●	●

二、项目实施

（一）入项

谷雨有三候，一候萍始生，二候鸣鸠拂其羽，三候戴胜降于桑，蕴含着进取、耕耘、勤劳之义。暮春的田野上空，回荡着鸠鸟"家家种谷"的呼唤，是源远流长的农耕文化提醒着人们在物质丰裕的新时代，依然要不忘初心、勤劳肯干。那栖身城市、身处校园里的我们，该如何传承和弘扬传统农事文化呢？学生通过小组合作的形式，针对谷雨节气的文化内涵、传统习俗、现代形式等方面，自主分工，提出问题并开展探究。

（二）问题探究

子问题一：什么是谷雨节气？谷雨节气有着怎样的历史渊源？

雨生百谷，清净明洁，是为"谷雨"。传说仓颉造字，感动了上天，于是下了一场"谷子雨"，落下数不清的粮食。古人将这一天定为"谷雨节"流传至今。

学生通过资料的搜集和筛选，关于这一问题，制作知识卡片。

子问题二：为什么在谷雨之际，应当种瓜点豆？

种瓜点豆，看似时时可为，但在谷雨时节，却有着很大的气候环境因素的支撑。

进入谷雨节气，在中国长江中下游、江南一带降水明显增多，尤其是在华南地区，一旦冷空气与暖湿空气交汇，往往形成较长时间的降雨天气。谷雨节气后降雨增多,空气中的湿度逐渐加大,有利于农作物的生长。学生通过观察环境、查阅资料的方式,形成了自己的思考。

子问题三:谷雨时节,种瓜点豆,该做一些怎样的准备?

为了探索这个问题,学生利用各种渠道,包括到图书馆查阅书籍、网络搜索、采访当地老人等形式,制作详细的准备工作表。

(三)出项

"纸上得来终觉浅",学生经过校园实地考察,结合前期资料搜集,确定了种植地点——校园里的废弃花盆。择一暖风融融之日,躬行此事(图1至图3)。

图1 项目组学生合影

图2 准备播种

图3 松土与挖坑

三、项目评价

为了全面关注学生的能力与素养发展,针对本项目的表现性任务,分别从劳动课程素养和项目化学习素养两大方面对学生进行表现性评价。

(一)劳动课程素养评价(表1)

表1 劳动课程素养评价

劳动素养	具体指标	素养要求	星级评价
劳动能力	知识技能	正确使用常用工具,了解劳动过程中的常见知识,利用常用劳动技能解决劳动中的实际问题	☆☆☆
	筹划思维	根据人员特点进行合理分工,优化劳动步骤和方法;准备相应的材料和工具,讨论安全注意事项,预想劳动过程中的困难及解决方法	☆☆☆
	团队合作	知道合作需要合理的任务分工,能听从组长的安排,共同完成任务	☆☆☆
劳动习惯与品质	安全劳动	在保障自身劳动安全的情况下,能及时制止同学的危险行为;不在有可能导致工具、材料发生性质变化的情况下劳动	☆☆☆
	坚持劳动	以沉着、平和的心态,有自制力地参与劳动;保持长时间地、稳定地参与劳动过程;自始至终不松懈、不倦怠,保持良好的劳动状态	☆☆☆

(二)项目化学习素养评价(表2)

四、反思与迁移

(一)让学生体验探究和劳动的意义

此次活动的开展不仅让学生认识了谷雨这一节气,还在整个过程中,追溯了历史,亲近了自然,体验了探究和劳动的意义。谷雨的来临意味着春天的离

表2 项目化学习素养评价

一级维度素养	二级维度素养	新 手	基 本	合 格	进 阶
使用资料	综合多元资料	能够就同一话题的多份资料通过比较和分类整合资料中的信息	能够通过比较多份资料中贴近问题的信息建立资料之间的联系	能够通过把来自不同资料源中的相似信息分组、或者建立资料之间的联系，或能够识别不同资料间内容、种类的不同	能够就不同资料源中的信息进行对比和分组，以加强或延伸论点或解释
问题解决	制定方案	（1）能够在引导下，选择贴近问题情景的解决策略或方法； （2）能够在给定评价标准以及引导下，对方案进行整体"印象"的判断	（1）能够自主选择贴近问题情境的解决策略或方法； （2）能够在给定评价标准的情况下，对方案进行整体"印象"的判断	（1）能够自主选择合适的策略或方法来解决问题； （2）能够选择或制定相应的评价标准来评估策略或方案的整体"印象"以及合理性	（1）能够自主选择多个有效的策略或方法来高效地解决问题； （2）能够选择或制定合适的评价标准或方法来评估策略或方案的有效性，并基于评估结果确定方案或进一步需要进行的行动
	执行方案	能够参考计划粗略地推进方案的执行，但执行效果不理想，只能满足原始方案的小部分要求	能够按计划推进方案的执行，但效果可能不理想，能满足原始方案的部分要求	（1）能够按计划推进方案的执行，满足原始方案的大部分要求； （2）能够收集执行过程中问题的反馈	（1）能够按计划推进方案的执行，满足全部要求，并且在必要的情况进行一定的"灵活"更改； （2）能够基于执行方案过程中收集的反馈，进行问题解决流程上的优化

续表

一级维度素养	二级维度素养	新　手	基　本	合　格	进　阶
倾听/口语表达	积极倾听与合作规则	（1）能够联系到先前发言的内容，并提出问题或以阐明他人的想法，继续挖掘信息，来展示积极的倾听； （2）能够遵守约定的规则和任务期限并履行分配的角色任务	（1）能够通过回顾或详细阐述别人提出问题的要点并提出意见，以寻求他人的意见，来展示积极的倾听； （2）能够在大多数情况下，遵守组员间的讨论规范； （3）能够追踪具体目标和最后期限的进展情况； （4）能够独立地扮演合作中各自的角色	（1）能够通过与他人联系，回答他人的问题和评论，以及承认不同的观点来展示积极的倾听； （2）能够制订组员间的讨论目标； （3）能够朝着特定任务产出前进； （4）能够根据需要在合作中建立个人角色	（1）能够通过与他人的想法建立联系，回答他人的问题和评论，以及承认不同的观点来展示积极的倾听； （2）能够严格遵守讨论的规范； （3）能够有效地朝着特定目标和任务产出前进； （4）能够根据需要在团队中建立适当的个人角色

开，但项目的完成并不意味着自主探究和实践劳动的止步。

一深一浅下，学生种下了果蔬，也种下了春天，是绿意和生命交织的春天，是知识和实践共生的春天，是传统和传承融汇的春天，是属于少年的春天。

（二）校园的一切都可以承载学习的意义

以自然为师，与环境为友，将学习与生活有机结合。随着二十四节气的转换，感知自然界的细微变化，体会其中的文化意蕴，发挥与自然和谐相处的智慧和创造力，让节气焕发新生命，这就是项目化学习的意义和价值所在。

五、学生随笔

春天，阳光明媚。清明已过，谷雨将至，俗话说"谷雨前后，种瓜点豆"，导师的小组活动便是：种菜。和其他导师小组的活动相比，种菜，倒很有烟火气。

下午，风和日丽，阳光似水，我和同学们在食堂前的花坛旁集合。钱老师朝我们挥挥手："大家先把草都除掉吧，工具在箱子里。"

我选的种子是波斯菊和生菜，把种子一点点撒到地里，心里描绘着种子长大后的样貌，以后波斯菊的种子应该会开出如彩霞一样华丽的花吧，生菜应该会长得像皮球一样大、翡翠一般绿吧。在耀眼的阳光中，一群孩子埋下未来的种子，和种子一起走向美好的未来。

——杜佳殷

时光流逝好像一下就变得清晰可见，窗外光线变化着。"蹬蹬蹬"，我兴奋地跑下楼——导师活动开始了，阳光照在身上，让每一个细胞都活跃起来，我与朋友拿了铲子，领了一个花盆。

"咔嚓"，是拍照时发出的响声，阳光正好，落在脸上和衣服上，我们脸上的笑便和阳光一起定格在照片中。面前是一个被自己亲手打理过的花盆，花盆里，种着未发芽的种子，也种着少年单纯而美好的期望与快乐，我想，它们都一定会在未来的某一天丰收。

——陆歆竹

立夏·玩"美"立夏,"蛋"出精彩

楼 芳

一、项目说明

节气活动时间	4月25日至5月6日	适用年级	九年级	总课时数	4
劳动场域	● 教室	● 教室外校园内	● 家庭	○ 劳动/社会基地	
所属板块	○ 公共必修 ● 特色必修	○ 改编 ● 非遗传承	○ 新编 ● 跨学科主题学习	○ 劳动/社会基地实践	
所属任务群	○ 日常生活劳动	○ 清洁与卫生 ○ 烹饪与营养	○ 整理与收纳 ○ 家用器具使用与维护		
	● 生产劳动	○ 农业生产劳动 ○ 工业生产劳动	● 传统工艺制作 ○ 新技术体验与应用		
	○ 服务性劳动	○ 现代服务业劳动	○ 公益劳动与志愿服务		
项目概述	项目背景	"立夏斗蛋"是教师自编的劳动技术主题学习的劳动项目。当春天的花在一夜之间被风雨吹落、当布谷鸟被热气催醒开始啼鸣时,春天就结束了。而夏天,也终于来临。立夏,给予了校园一抹热意,也给予了学生热情,让校园内都充满了恣意生长的力量。学生通过画蛋、斗蛋、编织蛋网、挂蛋等,在凝聚美育价值的同时将传统习俗转化为劳动知识与劳动技能,"玩'美'立夏,'蛋'出精彩",在此过程中提升学生实践、探究、创新、审美等核心素养与能力,春藏夏长,生如夏花,感受立夏节气的自然美好,体会劳动的真谛!			
	驱动性问题	如何有意义地度过立夏节气,保留节气的传统习惯与风俗呢?			

续 表

项目概述	学情分析	九年级的学生通过部编版（五·四学制）《道德与法治》九年级上册第五课《守望精神家园》的学习，能够体会劳动作为中华传统美德具有的内在力量，推进"二十四节气中的劳动"创造性转化和创新性发展，提升劳动素养。九年级的学生已经具备了良好的劳动知识和动手能力，通过各种媒介素材搜集资料，在日常的项目化学习实践活动中具有一定的自我控制能力和团队合作精神，能够在活动中积极参与并发挥自己的作用。
	项目目标	（1）深入了解立夏节气的传统习俗，体会中华优秀传统文化带来的独特内涵，感受劳动人民的智慧和创造力； （2）小组合作制定并开展"玩'美'立夏、'蛋'出精彩"的相关主题活动，在活动中体验文化元素，加深人与自然、人与人之间的对话，培养团队合作精神和创造力； （3）通过多学科交叉学习和家校合作，将课堂学习与家庭教育相结合，让学生在潜移默化中提升对传统文化的认同感，传承和弘扬中华优秀传统文化； （4）在实践体验过程中，感受中国古代劳动人民的辛勤付出，体会劳动的价值和意义； （5）对体验过程和最终成果进行反思和提炼，从劳动中领悟"小"节气中的"大"智慧，并将其运用到实际生活中。
	工具与材料准备	（1）准备工具：剪刀、画笔、调色板、镊子； （2）准备材料：鲜鸡蛋、颜料、渔网线、木棍、泡沫板。
项目结构示意图		项目实施脉络图 认识立夏 → 了解并介绍传统习俗——斗蛋 → 思考"斗蛋"的衍生活动 了解立夏节气传统习俗　设计"斗蛋"场景与规则　学会编织蛋网

劳动素养要求	任　务	劳动观念	劳动能力	劳动习惯与品质	劳动精神
	了解立夏节气的传统习俗	●	●	○	●

续　表

	任　　务	劳动观念	劳动能力	劳动习惯与品质	劳动精神
劳动素养要求	进行鸡蛋彩绘	○	●	●	○
	研究如何对鸡蛋进行保护	●	●	●	●
	进行护蛋"竞赛"（斗蛋）	○	●	●	●
	使用彩绘鸡蛋对教室进行装点	●	●	●	●

二、项目实施

（一）入项

立夏，二十四节气中的第七个节气，夏季的第一个节气，表示孟夏的正式开始。"绿树阴浓夏日长，楼台倒影入池塘。水晶帘动微风起，满架蔷薇一院香。"学生眼中的立夏是丰富而具体的，也是紧密围绕着自己的生活的。恰逢"五一"国际劳动节，结合劳动话题，以小组为单位共同探讨，达成共识，得出结论，即以立夏节气传统习俗"斗蛋"，开展一场与众不同的玩"美"立夏！师生在共同探讨后，将项目活动进行仔细梳理，形成过程轴图。

（二）问题探究

子问题一：什么是立夏节气？关于立夏节气有哪些传统习俗？

学生通过查阅书籍、浏览资料，了解立夏节气的由来以及相关的传统习俗，根据搜集的资料，选择合适的项目化研究内容，并结合劳动要求明确开展此次项目化学习的意义所在。

子问题二：立夏节气的传统习俗"斗蛋"如何斗？

"立夏蛋，满街甩。""斗蛋"是立夏节气不可或缺的一项比赛。学生通过查阅资料了解"斗蛋"的具体方法，为了更好更快地识别出自己的那颗"蛋"，学生纷纷给鸡蛋画上了崭新的"外衣"，他们也在思考除了传统的"斗蛋"方式，还要能"斗"出花样精彩。

子问题三：如何保护好"斗蛋"的鸡蛋不受损坏呢？结合我们的学科，来点不一样的护蛋挑战！

蛋是圆的，又容易碎，怎么样才能保护好鸡蛋不受损坏呢？答案是：蛋网。这是一项必不可少的装备！在劳技教师的指导下，学生纷纷拿起渔网线编织起了蛋网，在动手制作过程中，培养自身的劳动技能。除了蛋网的保护，学生还头脑风暴，纷纷设计出不一样的护蛋行动！

（三）出项

在立夏节气当天，学生将自己精心绘制的"斗蛋"装在蛋网中挂在胸前，他们不仅充分地了解了家乡立夏这一节气的习俗活动，也增强了对祖国传统节气习俗活动的热爱之情和传承发扬的决心（图1至图4）。

图1　项目组学生合影

图2　编织蛋网

图3　"斗蛋"作品展示一

图4　"斗蛋"作品展示二

通过参与绘制"斗蛋"和编织蛋网的劳动过程，学生深入了解了立夏节气的文化内涵，他们用自己的双手创造出独特的"斗蛋"作品，展示了对传统文化的理解和创新能力。这个过程不仅培养了他们的艺术才能，还增强了他们对家乡文化的认同感。

学生在制作蛋网的过程中，还学会了编织技巧，提高了动手能力，锻炼了耐心。他们通过自己的努力，将一根根渔网线编织成精美的蛋网，感受到了劳动的乐趣和成就感。这种劳动教育的体验，让他们更加珍惜劳动成果，懂得劳动的价值。

这样的劳动教育活动不仅让学生在实践中学习和传承了传统文化，还培养了他们的劳动意识和创新精神。他们深刻认识到传统文化的宝贵性以及自己在传承和发扬中的责任，这将激发他们更加积极地参与到传统文化的保护和传承中，为祖国的文化繁荣作出贡献。

三、项目评价

为了全面关注学生的能力与素养发展，针对本项目的表现性任务，分别从劳动课程素养和项目化学习素养两大方面对学生进行表现性评价。

（一）劳动课程素养评价（表1）

表1　劳动课程素养评价

劳动素养	具体指标	素养要求	星级评价
劳动能力	知识技能	正确使用常用工具，根据设计完成作品的制作并对作品进行修改完善与迭代	☆☆☆
	筹划思维	准备相应的材料和工具，讨论安全注意事项，预想劳动过程中的困难及解决方法	☆☆☆
	劳动创造	根据劳动任务的作用、意义和价值进行创造性劳动，取得体现创新精神的劳动成果	☆☆☆
	团队合作	知道合作需要合理的任务分工，能听从组长的安排，共同完成任务	☆☆☆
劳动习惯与品质	自觉劳动	在参与劳动过程中，发挥主观能动性并愿意努力地进行劳动	☆☆☆

（二）项目化学习素养评价（表2）

表2 项目化学习素养评价

一级维度素养	二级维度素养	新　手	基　本	合　格	进　阶
使用资料	综合多元资料	能够就同一话题的多份资料通过比较和分类整合资料	能够通过比较多份资料中的信息建立联系	能够通过把来自不同资料源中的相似信息分组，建立资料之间的联系，或者能够识别不同资料间内容、种类的不同	能够就不同资料源中的信息进行对比和分组，以加强或延伸推论点或解释
艺术素养	创造	能够初步掌握一些所学艺术形式的创作方法和技巧	能够初步掌握所学艺术形式的创作方法和技巧	能够基本掌握所学艺术形式的创作方法和技巧并能够创作简单的艺术作品	能够掌握所学艺术方法和技巧并能够创作完整的艺术作品
责任意识	承担责任	（1）能够对自己负责，关心集体； （2）能够积极参与志愿者活动、社区服务活动； （3）能够参与校园的民主实践	（1）有主人翁意识，对自己负责，关心集体； （2）有担当精神，积极参与志愿者服务活动，践行绿色生活方式； （3）能够根据规则参与民主的校园生活实践	（1）有主人翁意识，对自己负责，关心集体，关心社会，关心国家； （2）有担当精神，具有为人民服务的奉献精神，积极参与志愿者活动，社区服务活动，热爱自然，践行绿色生活方式； （3）能够依法依规参与公共事务，根据规则参与校园生活的民主实践	（1）有主人翁意识，对自己负责，关心集体，关心社会，关心国家； （2）有担当精神，具有为人民服务的奉献精神，积极参与志愿者活动，社区服务活动，热爱自然，践行绿色生活方式； （3）能够依法依规参与公共事务，根据规则参与校园生活的民主实践； （4）能够做出具有长期积极影响力的行动

四、反思与迁移

（一）发挥个人特长，培养团队合作精神

此次的项目化学习，不仅挖掘出有教育价值的节气文化，还以节气探究为契机，让学生充分体验到了立夏节气的气候特点、物候特征，感受节气的人文之美；在项目活动过程中，学生不仅发挥了个人特长，还培养了团结协作精神；在分享展示中，学生不仅增长了见识，还激发了开拓创新精神；在与社会接轨、与自然融合中，学生增强了对传统文化的认同与归属感。

（二）校园的一切都可以承载学习的意义

以自然为师，与环境为友，将学习与生活有机结合。随着二十四节气的转换，感知自然界的细微变化，体会其中的文化意蕴，发挥与自然和谐相处的智慧和创造力，让节气焕发新生命，这就是项目化学习的意义和价值所在。这次项目化学习不仅让学生们在知识和技能上得到了提升，更重要的是，劳动教育培养了他们的劳动意识、团队精神和创新能力，这将为他们的未来发展打下坚实的基础，让他们成为有担当、有责任感的社会公民。

五、学生随笔

在此次项目化学习的过程中，我不仅对二十四节气有了更深入的了解和认识。通过实践体验和劳动操作，我感受到了节气文化的独特魅力和深厚底蕴。在项目活动中，老师不再是单纯的传授者，更是我们的引导者和伙伴。无论是劳动品质和能力的培养，还是团队协作的提升，都让我都领悟到了要积极努力并持之以恒地解决问题。此次活动于我而言不仅提升了综合素养，提高了自主学习能力，还锻炼了沟通和团队合作能力。本次项目化学习是一次宝贵的经历，让我在各个方面都有成长和收获。

——徐欣怡

本次的立夏节气活动让我深刻体会到了传统文化的重要性和价值。通过对传统文化的研究和探索，我不仅增加了知识储备，还培养了对传统文

化的尊重和热爱。在劳动品质和素养方面，我学会了勇于承担责任，努力完成自己的任务；懂得了只有通过辛勤劳动，才能取得良好的成果。老师的指导和鼓励让我更有信心地面对挑战，同学之间的合作也让我们彼此更加了解和信任。

——夏可昕

夏至·粽香一夏

滕亲亲

一、项目说明

节气活动时间	6月21—22日	适用年级	六、七年级	总课时数	4
劳动场域	● 教室	● 教室外校园内	● 家庭	○ 劳动/社会基地	
所属板块	○ 公共必修 ● 特色必修	○ 改编 ● 非遗传承	○ 新编 ○ 跨学科主题学习	○ 劳动/社会基地实践	
所属任务群	● 日常生活劳动	○ 清洁与卫生 ● 烹饪与营养	○ 整理与收纳 ○ 家用器具使用与维护		
	○ 生产劳动	○ 农业生产劳动 ○ 工业生产劳动	○ 传统工艺制作 ○ 新技术体验与应用		
	○ 服务性劳动	○ 现代服务业劳动	○ 公益劳动与志愿服务		
项目概述	项目背景	"粽香一夏"是教师自编的劳动技术主题学习的劳动项目。吃粽子是中国传统的端午节习俗之一，而端午节是中国首个入选世界非物质文化遗产的节日。临近夏至时，万物生长达到了一个高峰。夏至三候，一候鹿角解，二候蝉始鸣，三候半夏生。夏至与端午节既临，校园里的每一个角落都散发着生命的气息，让人感受到大自然的魅力和生命的力量。学生通过策划校园粽子节、准备材料、学习包粽子的手艺、品尝粽子等活动，体会传统文化之美。			
	驱动性问题	勤劳智慧的中国劳动人民创造性地提出节气的概念指导生产实践，如何有意义地度过夏至与端午节，保留节气和节日的传统习惯与风俗呢？			

续 表

项目概述	学情分析	本节课面向六、七年级学生，学生已具备一定的基础烹饪技能，并曾对二十四节气有所了解，对端午节这一中国传统节日也有初步了解。在烹饪这一实践活动中，学生基本都抱有浓厚兴趣，但在包粽子这一手工制作方面可能缺乏精细操作的经验，对包粽子的具体流程和技巧尚不熟悉。因此，本课程需重点引导学生了解和练习粽子的制作方法，加强实践操作时的步骤讲解与技巧指导，以提升学生的动手能力和文化体验。
	项目目标	（1）通过调查夏至与端午节的传统习俗，深入了解中华优秀传统文化带来的独特内涵，体会劳动人民的智慧和创造力； （2）小组商议、制定并开展"粽香一夏"的相关主题活动，在亲自动手包粽子的劳动过程中，体验中华优秀传统文化之美，培养动手能力和团队合作精神； （3）通过跨学科合作和家校合作，将课堂学习与家庭教育相结合，在不知不觉中提高对传统文化的认同感，传承和弘扬中华优秀传统文化； （4）通过实践体验，感受中国古代劳动人民的辛勤付出，同时对体验过程和最终成果进行反思和总结，从劳动中领悟"小"节气中的"大"智慧； （5）通过自我评价、教师评价和结项反思，能对劳动过程与劳动成果进行反思和总结，进一步提高创造性劳动和合作能力。
	工具与材料准备	（1）准备场地：与学校食堂负责人协商活动的时间； （2）准备材料：请食堂准备足量的粽叶、糯米、酱油、食用油、咸蛋黄、棉绳等。
项目结构示意图		**项目实施脉络图** 认识夏至与端午节 → 了解传统习俗——包粽子 → 策划校园粽子节 了解夏至节气的由来 → 思考讨论粽叶的保鲜技术 → 开展包粽子系列活动

续 表

	任 务	劳动观念	劳动能力	劳动习惯与品质	劳动精神
劳动素养要求	了解夏至与端午节的传统习俗	●	○	○	●
	研究策划一次校园粽子节	○	●	●	○
	探寻现代食物的保鲜方式	●	○	○	●
	从多种途径学习包粽子	●	●	●	●
	准备开展包粽子活动所需的材料	○	●	●	○
	举办校园粽子节	○	●	○	○
	包粽子	●	●	●	●

二、项目实施

（一）入项

夏至巧遇端午节，"双节"既临，在夏至节气有食麦粽的习俗，端午节这一天人们也会包粽子。于是我们结合这一"两节"共同的习俗作为项目活动展开。在教师的组织下，学生将思考以及讨论如何过好这次夏至与端午节的过程制作成一幅项目实施脉络图。

（二）问题探究

子问题一：为什么夏至节气的公历日期在6月20日至6月22日？

与传统节气每年公历日期相差多日不同，夏至节气的公历日期固定在每年的6月20日至6月22日之间，为什么会有这样的区别呢？

学生通过查找网络上相关材料与视频介绍，了解夏至节气的由来。根据格林尼治标准时间，夏至节气的时间通常在6月20日至22日发生。在北半球，夏至节气通常发生在6月20日晚上10点至6月21日晚上10点之间，但也有可能在6月22日发生。由于地球的自转和公转速度不同，太阳直射地球的位置每年都会略微变化,因此夏至的日期也大致集中在公历的这三天中。夏至节气时太阳直射地球的位置到达北半球的最北端,这是一年中白天最长、黑夜最短的日子。

子问题二:如果端午节不在夏至节气前后我们还能吃到新鲜美味的粽子吗?哪些植物可以作为粽叶呢?学生进行了一次粽叶大盘点。

学生进一步提出,粽叶一年四季都有吗?通过自主学习,学生发现粽叶并非一年四季都有,它的出现受季节的限制,只有在特定的季节才能得到最好的粽叶。

通过进一步查阅资料,以及向生物老师进行咨询,学生发现夏至时节是粽叶的最佳季节,这个季节之后便进入雨季,若是雨量过大则很容易影响粽叶的品质。在夏季,粽叶的颜色深绿,质地丰腴且比较柔软,香气浓郁。若是在夏季采摘得到的粽叶不仅香味浓郁,而且营养丰富。

那么如果端午节不在夏至节气前后,我们要如何吃到粽香四溢的粽子呢?学生展开了小组讨论,并思考了一些现代保鲜方法,通过小组制作PPT小报的方式进行展示。

子问题三:如何在学校内开展一次包粽子的活动呢?需要做哪些准备?

学生通过查阅资料以及向家中长辈咨询,了解粽子的制作方法。粽子是一种传统的中国食品,通常在端午节期间食用。除了传统的肉粽,还有许多其他口味的粽子,如豆沙粽、咸蛋黄粽、红枣粽等。夏至节气传统的麦粽也是,不过是将糯米替换成藜麦,制作方法也大致相同,只是馅料有所不同。此外,也有一些地方会在糯米中加入其他的调料,如盐、酱油、五香粉等,以增加粽子的口感和风味。总的来说,粽子的制作过程虽然比较烦琐,但是由于其独特的口感和文化背景,仍然是许多人喜爱的传统美食之一。

(1)确定活动的时间和地点。时间最好选择在端午节前或当天进行,地点可以在学校的食堂、教室或操场等。

(2)教学生如何包粽子。可以在活动现场设置一个专门的教学区域,由家长志愿者或食堂工作人员演示如何包粽子,并提供必要的指导和帮助。可以先让学生观看演示,然后让他们自己动手尝试包粽子,最后由工作人员检查和纠正。

(三)出项

在6月初,学校组织学生开展了一次校园粽子节活动。在活动的策划、宣传和实施过程中，学生积极参与，充分发挥自己的专长和能力。有的学生负责联系志愿者和工作人员，以确保活动的顺利进行；有的学生则负责宣传活动，在学校的公告栏、微信群等地方发布活动信息，吸引更多的同学参与。在活动当天，学生分工合作，有的负责设置工作站，有的负责组织大家分组参与活动。活动结束后，学生还积极参与清理现场和收尾工作（图1至图4）。

图1　活动现场

图2　活动成果展示

图3　活动宣传海报一

图4　活动宣传海报二

通过这次活动，学生不仅提高了组织和协调能力，还体验到了劳动的乐趣和意义。在劳动教育中，学生学会了团队合作、责任担当和自我管理，这些都是成长过程中必不可少的重要品质。

本次活动成功吸引了全校师生参与,大家一起感受二十四节气中立夏的氛围,也增强了对祖国传统节日端午节的体悟。活动结束后大家还对活动进行了总结和反思,以便在下一次活动中有所改进和提高。

三、项目评价

为了全面关注学生的能力与素养发展,针对本项目的表现性任务,分别从劳动课程素养和项目化学习素养两大方面对学生进行表现性评价。

(一)劳动课程素养评价(表1)

表1 劳动课程素养评价

劳动素养	具体指标	素养要求	星级评价
劳动观念	尊重劳动	尊重劳动者,了解不同职业劳动者的辛苦和快乐	☆☆☆
	崇尚劳动	形成崇尚劳动的意识,能在劳动实践过程中,树立劳动最光荣、劳动最崇高、劳动最伟大、劳动最美丽的观念	☆☆☆
劳动能力	知识技能	正确使用常用工具,根据设计完成作品的制作并对作品进行修改完善与迭代	☆☆☆
	筹划思维	利用常用劳动技能解决劳动中的实际问题	☆☆☆
	劳动创造	根据劳动任务的作用、意义和价值进行创造性劳动,取得体现创新精神的劳动成果;总结自己或他人的得失,汇总成劳动经验	☆☆☆
	团队合作	知道合作需要合理的任务分工,能听从组长的安排,共同完成任务	☆☆☆
劳动习惯与品质	自觉劳动	在参与劳动过程中,发挥主观能动性、并愿意努力地进行劳动	☆☆☆
	安全劳动	不在有可能导致工具、材料发生性质变化的情况下劳动	☆☆☆

（二）项目化学习素养评价（表2）

表2 项目化学习素养评价

一级维度素养	二级维度素养	新 手	基 本	合 格	进 阶
使用资料	综合多元资料	能够就同一话题的多份资料通过比较和分类信息来整合资料	能够通过比较多份资料中的信息建立资料之间的联系	能够通过把来自不同资料源中的相似信息分组来建立资料之间的联系，或者能够识别不同资料间内容和类别的不同	能够就不同资料源中的信息进行对比和分组，以加强或延伸论点或解释
问题解决	制定方案	(1) 能够在引导下，选择贴近问题的解决策略或方法； (2) 能够在反引导下，对方案进行整体"印象"的判断	(1) 能够自主选择贴近问题情景的解决策略或方法； (2) 能够在给定评价标准的情况下，对整体方案进行"印象"的判断	(1) 能够自主选择适合的策略或制定粗略的评估方法来解决问题； (2) 能够选择或制定评价标准的评估方法来评估方案"印象"以及合理性	(1) 能够自主选择多个有效的策略或方法来高效地解决问题； (2) 能够选择或制定合适的评估方法确定方案评估方法的有效性，并基于评估结果确定方案或进一步需要的行动
	执行方案	能够参考计划粗略地推进方案的执行，但执行效果不理想，方案只能满足原始方案的小部分要求	能够按计划推进方案的执行，但效果可能不理想，只能满足原始方案的大部分要求	(1) 能够按计划推进方案的执行，满足原始方案的大部分要求； (2) 能够收集执行过程中的反馈	(1) 能够按计划推进方案的执行，满足原始方案的全部要求，并且在必要的情况下进行一定的"灵活"更改； (2) 能够基于执行方案过程中收集到的反馈，进行问题解决流程上的优化

续表

一级维度素养	二级维度素养	新 手	基 本	合 格	进 阶
责任意识	承担责任	(1) 能够对自己负责，关心集体； (2) 能够积极参与志愿者活动、社区服务活动； (3) 能够参与校园生活的民主实践	(1) 有主人翁意识，对自己负责，关心集体； (2) 有担当精神，积极参与志愿者活动、社区服务活动，践行绿色生活方式； (3) 能够根据规则参与校园生活的民主实践	(1) 有主人翁意识，对自己负责，关心集体，关心社会，关心国家； (2) 有担当精神，具有为人民服务的奉献精神，积极参与志愿者活动、社区服务活动，热爱自然，践行绿色生活方式； (3) 能够依法依规参与公共事务，根据规则参与校园生活的民主实践	(1) 有主人翁意识，对自己负责，关心集体，关心社会，关心国家； (2) 有担当精神，具有为人民服务的奉献精神，积极参与志愿者活动、社区服务活动，热爱自然，践行绿色生活方式； (3) 能够依法依规参与公共事务，根据规则参与校园生活的民主实践； (4) 能够做出具有长期积极影响力的行动

四、反思与迁移

（一）培养团队合作精神与良好的劳动习惯

在此次项目化学习中，学生通过参与劳动实践活动，更好地了解和体验了传统文化。这些劳动教育活动不仅可以增强学生的团队合作能力和创造力，还能够培养他们的劳动意识和劳动习惯。在活动过程中，学生通过亲身参与劳动，感受到了文化认知与情感体验的统一。他们在劳动中感受到传统文化的魅力和价值，从而更好地理解和传承传统文化。同时，活动中教师也较为注重学生的个性化需求和差异化体验，让每个学生都能够找到自己的兴趣和特长，从而更好地参与到活动中来。

（二）校园的一切都可以成为劳动教育的资源

学生以自然为师，与环境为友，将学习与生活有机结合。随着二十四节气的转换，学生通过感知自然界的细微变化，体会其中的文化意蕴，发挥与自然和谐相处的智慧和创造力，让节气焕发新生命。这不仅是项目化学习的意义和价值所在，也是劳动教育的重要目标之一。劳动教育，让学生能够更好地了解自然、尊重自然、保护自然，同时也能够培养他们的创新精神和实践能力，为未来的发展打下坚实的基础。

五、学生随笔

这次立夏和端午节的包粽子活动，让我体验到了传统文化的魅力。在包粽子的过程中，我学会了耐心和细心，每一个步骤都需要专注和用心。看着自己亲手包出来的粽子，满满的成就感油然而生。通过这样的活动，我更加了解了立夏和端午节的历史及文化内涵，也感受到了传统节日的浓厚氛围。

——冯紫涵

这次的活动让我对中国传统文化有了更深的认识和体验。包粽子看似简单，实则需要技巧和经验。在学习的过程中，我感受到了中华民族的智慧和勤劳。同时，也让我明白了传承和保护传统文化的重要性。我会将这次活动的经历和感受铭记在心，继续关注和参与传统文化的传承与发展。

——宋文博

小暑·倏忽温风至，因循小暑来

徐 玲

一、项目说明

节气活动时间	6月26日至7月7日	适用年级	六年级	总课时数	3
劳动场域	● 教室	○ 教室外校园内	● 家庭		○ 劳动/社会基地
所属板块	○ 公共必修	○ 改编	○ 新编		
	● 特色必修	○ 非遗传承	● 跨学科主题学习		○ 劳动/社会基地实践
所属任务群	● 日常生活劳动	清洁与卫生 ● 烹饪与营养	○ 整理与收纳 ○ 家用器具使用与维护		
	○ 生产劳动	○ 农业生产劳动 ○ 工业生产劳动	○ 传统工艺制作 ○ 新技术体验与应用		
	○ 服务性劳动	○ 现代服务业劳动	○ 公益劳动与志愿服务		
项目概述	项目背景	劳动教育提倡"项目化"驱动的教学模式，"倏忽温风至，因循小暑来"是教师自编的跨学科主题学习的劳动项目。此项目以家庭劳动为主要内容展开，结合中华优秀传统文化设置以"做"为中心、有选择性的家庭劳动任务，为学校的劳动育人教育注入新内涵。夏日是燥热的季节，也是劳动的季节。本项目中，学生在教师的带领下，一起感受小暑节气的特点，深入了解小暑节气与农业生产的紧密联系；通过自购食材，制作小暑饮品等活动，在实践中感受夏日的美和劳动的乐趣。			
	驱动性问题	假如你是小暑节气文化宣传大使，如何带领同学们清暑祛热巧饮食？			

续 表

项目概述	学情分析	六年级的学生在语文学科中已经学习过二十四节气歌谣，知晓了关于小暑节气的民俗，并具备独立或同伴合作运用网络、书籍或向老师、家长请教等搜集需要的信息和资料的能力；在家庭教育中，学生已经具备正确使用冰箱、搅拌机、蒸锅等器具的能力；平时能够使用电脑上的绘图工具制作电子小报，使用画笔尺子等工具制作手工小报；在教师的指导下，能够学习、鉴赏关于小暑节气的古诗词，感受中国人天人合一的幽远意境。
	项目目标	（1）了解小暑节气的由来和历史渊源，知晓其文化内涵和传统习俗，了解节气与劳动的密切联系； （2）独立或与同伴合作，利用书籍、网络搜集需要的信息和资料； （3）挖掘中华优秀传统文化的文化内涵和劳动课程的多维育人目标，坚定文化自信； （4）通过制作各种消暑饮品养成吃苦耐劳、善于思考的品质，体会劳动是一切幸福的源泉； （5）基于劳动过程与劳动成果进行反思和总结，提高迁移创新和合作能力。
	工具与材料准备	（1）准备工具：搅拌机、水果刀、杯子、彩笔； （2）准备材料：喜爱的应季水果、纸张。

项目结构示意图

项目实施脉络图

自主分工确定组别 → 知晓小暑节气由来 → 小暑时节如何防暑热

↓ 提出问题开展探究　↓ 了解小暑节气传统习俗　↓ DIY消暑饮食

劳动素养要求

任务	劳动观念	劳动能力	劳动习惯与品质	劳动精神
小组讨论、设计方案，并制作整个活动的过程图	○	●	●	○

续　表

任　务	劳动观念	劳动能力	劳动习惯与品质	劳动精神
查阅资料了解小暑节气的由来	○	●	●	○
查阅资料，咨询长辈，了解小暑节气的习俗活动	○	●	●	○
查阅资料了解"晒伏"天气的常见家电	○	●	●	○
寻找小暑时节的最美风景，拍摄1张清晰照片	○	●	●	○
查阅资料，收集2—3首古代描述暑热和纳凉的诗词	○	●	●	○
探究小暑时节消暑祛热的方法，并制作一张宣传小报	○	●	●	○
准备食材，尝试在家制作一种消暑饮食，并做好劳动记录	●	●	●	●
分享美食，总结反思	●	●	●	●

（劳动素养要求）

二、项目实施

（一）入项

俗话说"小暑过，一日热三分"，小暑降临意味着高温将至。此时炎天暑月、骄阳似火。在这样的气候条件下，人体因为炎热而出汗较多，消耗增加，导致容易疲劳，如何消暑才是紧要之事。在教师的组织下，学生将思考及讨论的过程制成一幅过程轴图。

（二）问题探究

子问题一：什么是小暑节气？此时气候有何特征？

小暑是二十四节气中的第十一个节气，此时太阳到达黄经105°。《月令七十二候集解》："暑，热也，就热之中分为大小，月初为小，月中为大，今则热气犹小也。"暑，表示炎热的意思，小暑为小热，还不十分热。意指天气开始炎热，但还没到最热，全国大部分地区基本符合。这时江淮流域梅雨即将结束，盛夏开始，气温升高，并进入伏旱期；而华北、东北地区进入多雨季节，热带气旋活动频繁，登陆我国的热带气旋开始增多。小暑后南方应注意抗旱，北方需注意防涝。全国的农作物都进入了茁壮成长阶段，需加强田间管理。

子问题二：关于小暑节气有哪些传统习俗？

通过查阅资料以及向长辈咨询，学生了解到尝新米、吃饺子、晒书画和衣服等都是在小暑时节恰合时宜、丰富有趣的习俗活动。在古代，民间讲究小暑"食新"迎丰收，又有"头伏饺子，二伏面，三伏烙饼摊鸡蛋"的食俗。除了这些传统食俗，小暑时节还有"六月六，晒红绿""六月六，人晒衣裳龙晒袍"的习俗，即家家户户多会不约而同地趁着晴好天气抓紧"晒伏"，把长期放置在屋内的衣服、书画等，晾到外面接受阳光的暴晒，去潮去湿，防霉防蛀。小暑时节的习俗活动反映了中国人顺天应时的文化精神。

提到"晒伏"，善于思考的学生又想到作为我们生活中最常见的家电——洗衣机，除了最基础的功能模式，还有哪些实用的功能模式呢？又应该如何保养洗衣机呢？

子问题三：小暑时节，你眼中最美的风景是什么？

小暑至，盛夏始，世间万物进入生命鼎盛的长夏时光。荷花娉婷、竹风荷雨、流萤飞舞、璀璨星空、绿树阴浓、蝉声阵阵、玉李冰瓜、稻田蛙鸣，挥汗如雨……都是小暑时节的专"暑"美景，让我们一起享受这灿烂的盛夏时光吧。

子问题四：古人是如何描述暑热的？又是如何表达消暑纳凉的？

在古代，没有电风扇、空调等设备，古人是如何描述暑热的呢？又是如何觅清凉的呢？让我们一起走进历代小暑诗词，来寻一寻小暑时节里的"炙热"与"清凉"。

子问题五：小暑时节何以消暑祛热？

为了缓解外界天气的炎热，人体通过出汗的方式来散热，而出汗过多会导致人体阴液受损，所以在天气热、出汗较多的时候，可以多饮用一些粥汤类食物来补充水分，如果再加入一些益气降暑的食材，则可以起到养生保健的作用。同时，小暑要注意劳逸结合，注意养"心"，保持心情舒畅、和缓气血，可以安安静静地坐、一心一意地想,让浮躁的心安静下来,学会稳定情绪,宁静而致远,心静自然凉。

(三)出项

学生发挥创意,制作了一系列夏日消暑美食:西瓜茉莉饮、荔枝酸梅汤、芒果奶昔、蜂蜜芒果龟苓膏、传统绿豆汤、西瓜青柠"暮色"饮料……,每一种都口感独特,清凉解暑,让人在炎热的夏日中感受到一丝清凉和幸福(图1至图4)。

图1 制作小暑习俗小报一　　　　图2 制作小暑习俗小报二

图3 准备制作消暑食材　　　　图4 消暑美食制作完成

三、项目评价

为了全面关注学生的能力与素养发展,针对本项目的表现性任务,分别从劳动课程素养和项目化学习素养两大方面对学生进行表现性评价。

（一）劳动课程素养评价（表1）

表1 劳动课程素养评价

劳动素养	具体指标	素　养　要　求	星级评价
劳动观念	崇尚劳动	形成崇尚劳动的意识，在劳动实践过程中，树立劳动最光荣、劳动最崇高、劳动最伟大、劳动最美丽的观念	☆☆☆
劳动技能	知识技能	正确使用常用工具，根据设计完成作品的制作并对作品进行修改完善与迭代；利用常用劳动技能解决劳动中的实际问题	☆☆☆
	劳动创造	根据劳动任务的作用、意义和价值进行创造性劳动，取得体现创新精神的劳动成果；运用多学科知识与技能解决问题	☆☆☆
	团队合作	知道合作需要合理的任务分工，能听从组长的安排，共同完成任务	☆☆☆
劳动习惯与品质	自觉劳动	在参与劳动过程中，发挥主观能动性并愿意努力地进行劳动	☆☆☆

（二）项目化学习素养评价（表2）

四、反思与迁移

（一）感受中华传统文化的魅力，提升自己的核心素养

在此次的项目化学习中，学生根据自己的兴趣和特长，充分地参与到活动当中。从了解小暑节气文化到认同、传承文化的发展与创新，其过程充分感受了中华传统文化的魅力，提升了自己的核心素养。

（二）将学习与生活有机结合

学生以自然为师，与环境为友，将学习与生活有机结合。随着二十四节气

表2 项目化学习素养评价

一级维度素养	二级维度素养	新 手	基 本	合 格	进 阶
使用资料	选用资料	(1) 能够选用与研究问题相关的、提供关键证据的资料源； (2) 在合适的情况下，能选用不同格式的资料源	(1) 能够就研研问题选择提供可信信息的资料源； (2) 在合适的情况下，能选用不同格式、不同角度的资料源；	(1) 能够就研究问题选择提供可信的可信信息的资料源； (2) 在合适的情况下，能选用不同格式、不同角度的资料源	(1) 能够就研究问题选择提供有细节、综合的可信信息、广泛的可信信息的资料源； (2) 在合适的情况下，能选用不同格式、不同角度的资料源
问题解决	制定方案	(1) 能在引导下，选择贴近问题的解决策略或方法； (2) 能够在给定评价标准以及引导的情况下整体对方案进行"印象"的判断	(1) 能够自主选择贴近问题情境的解决策略或方法； (2) 能够在给定评价标准的情况下整体对方案进行"印象"的判断	(1) 能够自主选择合适的策略或制定粗策略地解决问题； (2) 能够选择或制定评价标准方法的整体"印象"以及合理性	(1) 能够自主选择多个有效的策略或方法来有效地解决问题； (2) 能够选择或制定合适的评价标准来评估方法或策略的有效性，并基于评估结果确定方案或进一步需要的行动
	执行方案	能够参考计划粗略地推进方案的执行，但执行效果不理想，只能满足原始方案的小部分要求	能够按计划推进方案的执行，但效果不理想，只能满足原始方案要求	(1) 能够按计划推进方案的执行，满足原始方案的大部分要求； (2) 能够收集执行方案过程中的反馈	(1) 能够按计划推进方案的执行，满足原始方案的全部要求，并且在必要的情况下进行一定的"灵活"更改； (2) 能够基于执行方案过程中收集的反馈，进行问题解决流程上的优化

续 表

一级维度素养	二级维度素养	新 手	基 本	合 格	进 阶
产出/公开展示	应用多媒体交流	(1) 能够在有指导和支持的情况下，使用多媒体技术和工具来开展观点的表达（以文本或其他可视化的表达形式）； (2) 掌握指定的多媒体技术或工具中最相关的部分	(1) 能够在一些指导和支持的情况下，使用多媒体技术和工具来澄清信息、强化表达要点； (2) 能够合理地运用指定的多媒体技术和工具	(1) 能够有目的地使用多媒体技术和工具来澄清信息，强化观点并引起观众的兴趣； (2) 能够有目的地运用多媒体技术和工具	(1) 能够有策略地使用多媒体技术和工具来强化观点，证据的表达，能够吸引观众的注意并增强观众对于表达的理解； (2) 能够有目的地运用多媒体技术和工具

的转换,感知自然界的细微变化,体会其中的文化意蕴,发挥与自然和谐相处的智慧和创造力,让节气焕发新生命。

劳动是基于真实问题的探究,是一种以实践为基础的活动,学生在亲历制作消暑饮食的过程中,形成对劳动的真实认知,自己努力克服困难,解决各种问题,动手动脑,学创融通,认识、体会到劳动是艰辛的,也是快乐的,树立了正确的劳动观,这就是本次项目化学习的意义和价值所在。

五、学生随笔

通过此项目化学习,我对小暑时节有了更深刻的认识。我深切地感受到了大自然的规律与变化。小暑时节,随着气温的逐渐升高,阳光也似乎变得更加炙热,大地仿佛被一股无形的力量烘烤。这种变化,虽然有时会让人感到不适,但也让我更加敬畏自然的力量,更加珍惜那些清凉的时刻。同时,我懂得需要注意饮食的清淡与营养的均衡,选择适合夏季的运动,来让自己的身体得到放松与锻炼。

——张皓冉

"接天莲叶无穷碧,映日荷花别样红。"小暑时节,时至盛夏,万物蓬勃生长,夏日与荷花是一对好搭档。清风徐来,阵阵荷香,闻一闻,人的心绪就平静下来了。在炎热的夏日里,人们往往会因为高温而感到烦躁与不安,但正是在这种时候,我们更需要彼此的理解与关心。我会更加珍惜与家人、朋友相处的时光,用心聆听他们的声音,感受他们的情感,让彼此的心灵在炎热的夏日里得到慰藉与滋润。通过这次项目化学习,我更好地了解了中国传统文化,加深了对生活的热爱和对自然的敬畏之情。

——王田宇

大暑·时节方大暑，忽若秋气生

叶杨根

一、项目说明

节气活动时间	7月10—22日	适用年级	七年级	总课时数	3
劳动场域	○ 教室	○ 教室外校园内	● 家庭	○ 劳动/社会基地	
所属板块	○ 公共必修 ● 特色必修	○ 改编 ○ 非遗传承	○ 新编 ● 跨学科主题学习	○ 劳动/社会基地实践	
所属任务群	● 日常生活劳动	○ 清洁与卫生 ● 烹饪与营养	○ 整理与收纳 ○ 家用器具使用与维护		
	○ 生产劳动	○ 农业生产劳动 ○ 工业生产劳动	○ 传统工艺制作 ○ 新技术体验与应用		
	○ 服务性劳动	○ 现代服务业劳动	○ 公益劳动与志愿服务		
项目概述	项目背景	"时节方大暑，忽若秋气生"是教师自编的跨学科主题学习的劳动项目。此项目以二十四节气中的第十二个节气——大暑为背景展开。项目围绕大暑节气如何降温解热的实际问题，引发学生思考，通过体验、实践等活动，引导学生综合运用美术、生物、劳动等课程核心素养，掌握制作姜茶的相关劳动知识与技能，体会劳动创造美好生活的道理，引导学生养成良好的劳动习惯和品质，感受中国古代劳动人民的智慧结晶，传承中华传统习俗，体会劳动带来的乐趣与智慧。此项目无须额外给学生配套材料，方便不同区域的教师实施。			
	驱动性问题	大暑节气，酷热难耐，假如你是大暑节气的文化宣传大使，如何保留大暑节气的传统习惯与风俗呢？			

续　表

项目概述	学情分析	七年级学生对于二十四节气中的大暑具备一定的知识基础，在各个学科领域有一定的知识储备，能够运用所学知识解决一些实际问题。他们开始学习与他人合作，共同完成任务，可以在一定程度上自主探索和学习，通过各种途径获取所需信息，并进行整理和分析；能较为清晰地表达自己的观点，与他人进行有效沟通。但是仍需要教师或家长的引导，以确保学习的方向和质量。教师和家长可以根据这些特点，设计合适的项目化学习活动，以提高学生的学习效果。
	项目目标	（1）了解大暑节气的由来及传统习俗，体会中华优秀传统文化的丰富内涵； （2）掌握制作姜茶的劳动知识与技能； （3）树立乐于为家人服务的劳动观念，初步形成家庭责任感； （4）感受中国古代劳动人民的智慧结晶，继承并发扬中华传统习俗
	工具与材料准备	（1）准备工具：削皮器、刀、木棍、纱布； （2）准备材料：姜、黑糖、合适的容器。

项目结构示意图

项目实施脉络图

认识大暑 → 了解大暑节气的传统习俗 → 大暑节气防暑热

确定分工 提出问题 开展探究 ／ 了解介绍传统习俗——伏姜、伏姜茶制作 ／ 自主制作伏姜、伏姜茶

劳动素养要求

任　务	劳动观念	劳动能力	劳动习惯与品质	劳动精神
搜集资料了解大暑节气的历史渊源	●	○	○	○
查阅资料了解大暑节气的传统习俗	●	○	●	○

续　表

	任　　务	劳动观念	劳动能力	劳动习惯与品质	劳动精神
劳动素养要求	自制伏姜、伏姜茶	○	●	●	○
	成果展示	○	●	●	●
	多维度评价，总结反思	●	●	●	●

二、项目实施

（一）入项

大暑给人的印象是非常炎热的，降温解热成为学生首要需求，结合劳动话题，小组成员共同探讨，得出结论。以大暑传统习俗制作"伏姜""伏姜茶"，开展与众不同的假期活动，在教师的带领下，师生共同探讨，制作成一幅过程轴图。

（二）问题探究

子问题一：什么是大暑节气？大暑节气有着怎样的历史渊源？

学生通过查阅书籍、浏览网络资料，了解大暑节气的一些特性。大暑，是二十四节气中的第十二个节气。斯时天气甚烈于小暑，故名曰大暑。"暑"是炎热的意思，大暑，指炎热之极。《逸周书》曰："土润溽暑（溽暑，指潮湿而闷热）。又五日，大雨时行。"又曰："大雨不时行，国无恩泽。"大暑是一年中阳光最猛烈、气温最高、雷雨天气横行的节气。大暑节气，高温酷热，雷暴频繁，雨量充沛，是万物狂长的时节。

子问题二：大暑节气有哪些传统的习俗？

通过查阅相关资料，学生了解到晒伏姜、喝伏茶、烧伏香、吃仙草、吃凤梨等都是大暑节气的传统习俗活动。在我国华北地区有在大暑节气这一天喝暑羊（即喝羊肉汤）的习俗。经过紧张的夏收劳动，人们非常疲倦，应该好好休息一下了。于是，全家聚在一起，每人吃一个香喷喷的新麦馍馍，喝一碗味道鲜美的羊肉汤。也有很多地区的人们有茶余饭后斗蟋蟀取乐的风俗。大人会先带着小孩到田野里抓蟋蟀，然后到大树底下玩起斗蟋蟀的游戏，很有趣味性。大暑节气，也叫"半年节"。一家人在这一天拜完神明后，会聚在一起吃"半年圆"。半年圆是用糯米磨成粉再和上红面搓成的丸子，大多会煮成甜食来品尝，象征着团圆与甜蜜。大暑时节的传统习俗反映了劳动人民的勤劳与智慧。

子问题三：古人是如何通过诗词形容大暑时节消暑纳凉情形的？

大家都知道我们中华文化博大精深，古人对二十四节气有很多的文言诗句进行描述，让我们一起走进大暑诗句中，来感受一下古代文人墨客的诗情画意。

子问题四：如何在家中自制伏姜、伏姜茶？

（1）伏姜制作方法：

- 选姜。制作伏姜，需挑选肥壮、芽头饱满、个头大小均匀、颜色鲜亮、无病虫、无腐烂、无损伤、未受冻的姜块。
- 洗姜。用水将挑选好的姜块冲洗干净，然后沿姜的躯干从连接处掰开，去除其缝隙中的泥土并清洗干净。
- 削皮。刮去姜皮，削皮时只削去表面的皮层并要注意自身防护避免受伤。
- 再次清洗阴干。将去皮的姜用流水再次洗净后晾干表面水分，以防姜吸水后改变口感。
- 切姜。用刀将姜切成长 1 厘米、宽 0.5 厘米的丁状。
- 榨姜汁。将切好的姜用木棍捣成泥，用纱布包裹起来，再用木棍挤出姜汁。
- 拌入黑糖。将黑糖按比例放置缸中，然后徐徐倒入适量姜汁，放置片刻，等姜汁充分渗入。
- 晾晒及日常看护。早上太阳出来前搅拌一次，中午阳光最烈时再搅拌一次，傍晚 6 时再搅拌一次，每天共三次。进入中伏后随着日照的增强，水分不断蒸发，姜汁会变成褐色饱和溶液并出现些许糖分沉淀。立秋后不再搅拌，静置 20 天后即可食用。

（2）伏姜茶制作方法：

- 老姜洗净。
- 准备一个透明容器提前洗净，并用沸水煮 3 分钟消毒。将生姜切碎，往容器中一层生姜、一层红糖交替地铺满，最后用纱布封口。

- 三伏天放在阳光下暴晒一整天（以大暑节气当天最佳）。
- 待汤汁变深色，且浓稠时，早晨用开水冲饮。

(三) 出项

通过与学生线上互动，群策群力、各展所长，顺利完成了伏姜和伏姜茶的制作（图1至图4）。

图1　制作大暑食俗小报

图2　制作大暑习俗小报

图3　制作历代大暑诗词小报

图4　制作伏姜茶

三、项目评价

为了全面关注学生的能力与素养发展，针对本项目的表现性任务，分别从劳动课程素养和项目化学习素养两大方面对学生进行表现性评价。

(一)劳动课程素养评价(表1)

表1 劳动课程素养评价

劳动素养	具体指标	素养要求	星级评价
劳动观念	热爱劳动	以自发的热情和主动性参与劳动,愿意承担额外的劳动任务,并通过积极的劳动体验形成热爱劳动的观念,树立正确的劳动价值观	☆☆☆
劳动能力	知识技能	正确使用常用工具,利用常用劳动技能解决劳动中的实际问题	☆☆☆
	筹划思维	准备相应的材料和工具,讨论安全注意事项,预想劳动过程中的困难及解决方法	☆☆☆
劳动习惯与品质	自觉劳动	在参与劳动过程中,发挥主观能动性并愿意努力地进行劳动	☆☆☆

(二)项目化学习素养评价(表2)

四、反思与迁移

(一)充分发挥个人智慧与创造力

在本项目化学习中,学生不仅了解了大暑节气的传统文化,同时充分发挥个人智慧与创造力,用身边的材料还原大暑节气的饮食——伏姜、伏姜茶。

在此过程中,学生掌握了基本的劳动知识与技能,锻炼了居家劳动能力,懂得劳动创造美好生活的道理;能进行家庭餐食的设计和营养搭配,并掌握简单的烹饪方法;初步养成营养搭配和健康饮食的习惯,具有食品安全意识;树立乐于为家人服务的劳动观念,初步形成家庭责任感。

(二)体会中华传统文化的魅力和价值

在本项目化学习中,学生能够感受到古人劳动的智慧,体会到中华传统文化的魅力和价值。相信学生可以举一反三,在今后的实践探索中,能更好地将节气文化传承和发扬下去,从而让此次项目化学习变得很有意义。

表2 项目化学习素养评价

一级维度素养	二级维度素养	新 手	基 本	合 格	进 阶
使用资料	综合多元资料	能够就同一话题的多份资料通过比较和分类信息来整合资料	能够通过比较多份资料中的信息建立多份资料之间的联系	能够通过把来自不同资料源中的相似信息分组来建立资料之间的联系，或者能够识别不同资料间内容、种类的不同	能够就不同资料源中的信息进行对比和分组，以加强或延伸论点或解释
问题解决	制定方案	（1）能够在引导下，选择贴近问题情景的解决策略或方法；（2）能够在给定评价标准以及引导下，对方案进行整体"印象"的判断	（1）能够自主选择贴近问题情景的解决策略或方法；（2）能够在给定评价标准的情况下，对方案进行整体"印象"的判断	（1）能够自主选择合适的策略或制定方法来解决问题；（2）能够选择评价标准或方法来评估方案的整体"印象"以及合理性	（1）能够自主选择或制定有效的策略或方法；（2）能够选择评价标准或方法评估方案的评价标准的有效性，并基于评估结果确定方案或需要进一步改进的行动
产出/公开展示	应用多媒体交流	（1）能够在指导和支持的情况下，使用多媒体技术来展开观点的表达（以文本或其他可视化的表达形式）；（2）掌握指定的多媒体技术中最相关的部分	（1）能够在一些指导和支持的情况下，使用多媒体技术来澄清信息，强化特定观点要点；（2）能够合理地运用指定的多媒体技术	（1）能够有目的地使用多媒体技术来澄清信息，强化观点的兴趣；（2）能够有目的地运用多媒体技术	（1）能够有策略地使用多媒体技术来强化观点，证据引观众的理解，并增强观众对于表意的理解；（2）能够有目的地运用多媒体技术

五、学生随笔

  在2023年6月底的导师自主活动中,我报名了有关大暑节气小报的制作。整个活动中,我巧妙构思,积极上网查阅资料,充分发挥我的美术特长,制作的四份小报不仅紧跟主题,且活泼有趣,意境十足,得到了老师和同学的一致好评。通过这次活动,我深刻认识到,二十四节气是我国宝贵的非物质文化遗产,也是中华民族智慧的结晶,需要我们接续薪火,传承并发扬,延续这份中国人特有的智慧。

——胡弈晨

  在2023年一个暑假活动中我收获了很多,导师带着我跟着大暑节气去劳动。叶老师通过直播互动的方式给我们讲解了关于大暑节气的一些习俗。在活动期间,我们随着叶老师的教程学会了做伏姜和伏姜茶,又以做小报的方式了解到了什么是大暑节气、关于大暑节气的传统习俗以及记住了许多关于大暑的诗句。对我来说收获最大的是学习了如何发扬大暑节气的传统习俗。

——王文惜

立秋·云天收夏色，木叶动秋声

蒋海燕

一、项目说明

节气活动时间	7月9日至8月6日	适用年级	六年级	总课时数	3
劳动场域	○ 教室	○ 教室外校园内	● 家庭	○ 劳动/社会基地	
所属板块	○ 公共必修 ● 特色必修	○ 改编 ○ 非遗传承	○ 新编 ● 跨学科主题学习	○ 劳动/社会基地实践	
所属任务群	● 日常生活劳动	○ 清洁与卫生 ● 烹饪与营养	○ 整理与收纳 ○ 家用器具使用与维护		
	○ 生产劳动	○ 农业生产劳动 ○ 工业生产劳动	○ 传统工艺制作 ○ 新技术体验与应用		
	○ 服务性劳动	○ 现代服务业劳动	○ 公益劳动与志愿服务		
项目概述	项目背景	每年8月8日前后，中国迎来秋季的第一个节气——立秋。暑去凉来，作物即将迎来收获，农民歌舞狂欢，齐聚一堂，恭祝风调雨顺、五谷丰登。立秋日对农民朋友显得尤为重要。有农谚说："雷打秋，冬半收。"意思是如果立秋这天听到雷声，冬季时农作物就会减少收成。立秋节气以后气温由热转凉，人体的消耗也逐渐减少，食欲开始增加，空气湿度小，皮肤容易干燥，所以秋季也是最适宜进补的季节，如此在冬季来临之前，可以减少病毒感染和防止旧病复发。教师带着学生化身节气文化宣传大使，一起感受立秋节气的特点，探究民俗文化，融合劳动教育，在实践中感受立秋之美！			

续 表

项目概述	驱动性问题	勤劳智慧的中国劳动人民创造性地提出节气的概念指导生产实践，如何有意义地度过立秋节气，保留节气的传统习惯与风俗呢？
	学情分析	六年级学生基本展现出对立秋节气知识的浓厚兴趣。在劳动技能上，大部分学生掌握了基本的劳动技巧，如简单的园艺种植、手工制作等，他们对立秋节气的传统意义与习俗有基本了解，动手实践能力整体良好。多数学生能主动参与劳动活动，团队协作意识正逐步增强，但在解决复杂问题时仍需加强沟通与协作；劳动态度积极，能形成良好的劳动习惯，保持劳动热情。
	项目目标	（1）了解立秋节气的由来，掌握立秋节气的文化内涵和传统习俗； （2）学会策划并开展相关活动，以传承和弘扬中国传统农事文化； （3）增加对传统文化的兴趣和热爱，懂得珍惜和传承文化遗产； （4）对制作秋梨膏的过程和成果进行反思和总结，提高创造性劳动的能力。
	工具与材料准备	（1）准备工具：刨丝器、纱布、细纱网、玻璃瓶； （2）准备材料：砀山梨10斤左右、罗汉果2颗、红枣100克、川贝母粉3克、黄冰糖100克、姜30克。

项目结构示意图	认识立秋节气的特点 → 讨论立秋节气的习俗 → 探究秋梨膏的制作方法 → 家庭制作秋梨膏 → 反思与交流

劳动素养要求	任 务	劳动观念	劳动能力	劳动习惯与品质	劳动精神
	了解制作秋梨膏的步骤	○	●	●	○
	搜集信息、确定制作秋梨膏的用材	○	●	●	○
	多维度评价，总结反思	●	●	●	●

二、项目实施

（一）入项

立秋是二十四节气中的第十三个节气，也是秋季的第一个节气。"立"是开始的意思，"秋"字由"禾"与"火"组成，是禾谷成熟的意思，立秋即表示禾谷成熟。立秋还意味着炎热的夏天即将过去，立秋节气后，暑气渐退。那栖身城市、身处校园里的我们，该如何理解、传承和弘扬这个节气的农事文化呢？学生通过小组合作的形式，针对立秋节气的特点、传统习俗、现代形式等方面，自主分工，提出问题并开展探究。

（二）问题探究

子问题一：立秋节气将至，你能感受到环境中哪些来自秋天的气息？

立秋是二十四节气之一，也是中国农历中的一个重要节气。每年的8月7日、8日或9日是立秋节气。立秋意味着秋天即将到来，天气也开始逐渐变凉。这个时候我们可以感受到秋天的气息，如清爽的空气、落叶的声音、果实的风味等。立秋，意味着降雨、风暴、湿度等。立秋并不代表酷热天气的结束，所谓"热在三伏"，按照"三伏"的推算方法，立秋节气至处暑节气往往还处在"三伏"期间，所以初秋天气还很热，真正的凉爽一般要到白露节气之后。这是一个暑热与凉寒交替的季节。

子问题二：传统立秋节气有什么习俗？

（1）啃秋。立秋后，虽然已经到秋天了，但许多地方白天的温度依旧很高，人们希望吃一些清凉解暑的西瓜，"啃"掉"秋老虎"，迎接凉爽的秋天。从字面意思上来说，"啃秋"就是咬住秋天的意思，在我国的南方又被称为"立秋啃秋瓜"。在我国古代，每年的立秋节气这天，家家户户为了预防秋燥会买一个西瓜回家，全家围着啃，久而久之就形成了"啃秋"的习俗。每年立秋节气，农人三五成群，席地而坐，抱着红瓤西瓜啃，抱着绿瓤香瓜啃，抱着白生生的山芋啃，抱着金黄的玉米棒子啃。"啃秋"从一种秋日习俗升华成为一种丰收的喜悦，庆祝伴随秋季而来的丰收。

（2）晒秋。"晒秋"的意思就是指在每年的立秋时节，将成熟的果蔬利用房前屋后及自家窗台屋顶进行架晒、挂晒，以便更好地保存和售卖。"晒秋"流行于湖南、广西、安徽、江西等地的农村或山区中。因为这些地区的地形地势较为复杂，平地较少，且气候较为湿润，不易于农作物的长期保存，所以这些地区的人们就会采取这种方式延长农作物的存储期。届时全家老少会一起动手晾晒，在劳动的过程中体会丰收的喜悦。

（3）贴秋膘。夏天天气热，人们没胃口，吃得少。到了立秋时节，要吃美味的东西补回来，补的办法就是"贴秋膘"。相传古时候，在我国北京、河北一带的民间流行有在立秋节气这天以悬秤称人的习俗。他们将立秋节气这天的体重与立夏节气的体重作对比，如果立秋时的体重轻于立夏时，就叫"苦夏"。因为人到夏天，本就没有什么胃口，饭食清淡简单，两三个月下来，体重要减轻一点。那时人们对健康的评判，往往只以胖瘦为标准，瘦了当然需要"补"。所以等秋风一起，胃口大开时，就要吃点好的，增加一点营养，补偿夏天的损失。这就是"贴秋膘"的由来。如今"贴秋膘"的方式逐渐多样化，比如"秋天的第一杯奶茶"、一顿美味的火锅……

子问题三：如何制作秋梨膏？

秋梨膏是一道传统药膳，以秋梨为主要原料，再搭配其他止咳、祛痰、润肺的中草药，精心熬制而成的药膳饮品，具有去火、润肺止咳功效。入秋前饮用，能够抵抗一整季的秋燥，是润肺离不开的宝物。

（1）将梨清洗干净后，先用清水浸泡20分钟，用盐仔细搓洗一遍后再清水洗两遍（由于接下来的制作不削果皮，所以要耐心清洗，避免有农药残留）；

（2）用刨丝器将梨刨成细丝状，姜、红枣切丝备用；

（3）将切好的梨丝、红枣丝、姜丝和罗汉果放入锅内（无须加水），大火煮30～40分钟，待梨丝能漂浮在水上面即可；

（4）将煮好的梨汤放凉，取出纱布，将残渣过滤挤净（此过程需要耐心，分小份挤）；用纱布过滤好后，建议用细纱网再过滤一遍，以保证制作出的梨膏口感；

（5）将过滤好的梨汤放入干净的锅内，先用大火将梨汤煮沸，再放入准备好的川贝母粉和黄冰糖，转中火慢慢熬制。熬制过程中，需将浮沫撇去，偶尔搅拌，避免糊锅，煮至黏稠拉丝状态即可，冷却后装入事先消毒的玻璃瓶内。

（三）出项

清甜的秋梨膏带给我们的不仅仅是味觉上的甜意，更是提醒着我们秋季已经悄然到来。握着手中的秋梨膏糖水，品味着秋天的第一份收获与甘甜（图1至图4）。

立秋·云天收夏色，木叶动秋声

图1　准备"啃秋"

图2　准备制作秋梨膏

图3　秋梨膏制作完成

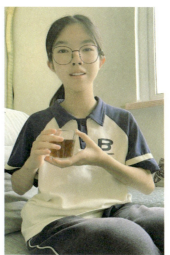

图4　品尝秋梨膏

三、项目评价

为了全面关注学生的能力与素养发展，针对本项目的表现性任务，分别从劳动课程素养和项目化学习素养两大方面对学生进行表现性评价。

（一）劳动课程素养评价（表1）

表1 劳动课程素养评价

劳动素养	具体指标	素 养 要 求	星级评价
劳动能力	知识技能	了解常用的炖煮工具和食材的清洗、浸泡等处理方法；掌握菜肴制作的过程与技巧	☆☆☆
	筹划思维	提出制作的设想，明确劳动前、中、后的不同要求，制定相应的制作计划；合理分工，优化制作步骤和方法；准备相应的材料和工具，讨论安全注意事项，预想制作过程中的困难及解决方法	☆☆☆
	劳动创造	能够完整制作一份菜肴	☆☆☆
	团队合作	能够合理分工，互相帮助，有时间观念，感知分工合作能提高劳动效率的道理；合作中能虚心听取他人意见，学会分析判断，遇到困难齐心协力商量解决	☆☆☆

（二）项目化学习素养评价（表2）

四、反思与迁移

（一）追溯历史，探究劳动的意义

著名教育家陶行知说过："生活即教育，一日生活皆课程。"教育活动源于生活，源于生活中的发现。立秋，是秋天的第一个节气，标志着秋天的开始，稻谷在田野中轻轻摇曳，像金色的海洋，为大地谱写了一首丰收的赞歌。此刻，蝉声渐渐散去，蛙声也变得稀疏。那些曾在夏日里欢腾的生灵，似乎在立秋的微风中感受到了岁月的变迁，它们默默地准备着，迎接即将到来的秋天。此次活动的开展不仅让学生认识了立秋这一节气，在制作秋梨膏的过程中，从材料到工具的选择，从烹饪方法到保存方式的探索，处处都是学问，都是可以进一步探索研究的切入点。

表2 项目化学习素养评价

一级维度素养	二级维度素养	新 手	基 本	合 格	进 阶
问题解决	综合多元资料	能够就同一话题的多份资料通过比较和分类整合资料	能够通过比较多份资料中的信息建立资料之间的联系；	能够通过把来自不同资料源中的相似信息分组，建立资料之间的联系，或者能够识别不同资料的内容种类	能够就不同资料源中的信息进行对比和分组，以加强或延伸论点或解释
	制定方案	（1）能够在引导下，选择贴近问题的解决策略或应对方法；（2）能够在给定评价标准以及引导的情况下，对方案进行整体"印象"的判断	（1）能够自主选择贴近问题情景的解决策略或应对方法；（2）能够在给定评价标准的情况下，对方案进行整体"印象"的判断	（1）能够自主选择合适的策略来解决问题；（2）能够选择或制定粗略的评价标准来评估方案的整体"印象"以及合理性	（1）能够自主选择多个有效的策略或方法来高效地解决问题；（2）能够选择或制定合适的评价方法来评估方案的有效性，策略或方法评估的有效性，并基于评估结果确定方案或策略进一步需要改进或延伸的行动

（二）了解节气与人类生活、自然环境的关系

"人勤地不懒，秋后粮仓满。""读书不离案头，种田不离田头。"这次项目化学习不仅仅是一次活动，更像是一次大自然的探究之旅。学生在这次活动中了解立秋节气与人类生活、自然环境的关系，学习简单的秋梨膏制作技能，进而体会劳动的艰辛，感悟劳动成果的来之不易，由此产生尊重劳动、珍惜劳动成果的积极情感。这就是本次项目化学习的意义和价值所在。

五、学生随笔

对于我来说，立秋是一个特别的节气。因为我非常喜欢秋天。我喜欢秋天的颜色，如稻田的金色、枫叶的红色和菊花的黄色。我也喜欢秋天的气味，如烤红薯的香味、糯米饭的清香。在立秋这个节气里，我感受到一种新的开始。秋天是一个收获的季节，也是一个充满希望的季节。我会为新的学期做好准备，为自己的梦想努力奋斗。我相信，只要付出努力，就能够收获丰硕的果实。

——赵夏涵

最好的食物皆是时间带来的美味，它不仅需要智慧的创造，还需要耐心与细心的呵护，如立秋时节的一勺秋梨膏。民间有句谚语："一颗荔枝三把火，日食斤梨不为多。"作为水果中的佳品，梨素有"百果之宗"的美誉，它不仅是味道甜美的水果，同时也具有较高的药用价值。秋冬季节干燥，人体也不例外。用最好的食材，把握恰好的时节，做一件充满喜悦感的事情，幸福如此简单。

——王悦

寒露·气凉迎寒露，山水送金秋

王瑞琪

一、项目说明

节气活动时间	9月28日至10月8日	适用年级	六年级	总课时数	3
劳动场域	● 教室	○ 教室外校园内	● 家庭	○ 劳动/社会基地	
所属板块	○ 公共必修 ● 特色必修	○ 改编 ○ 非遗传承	○ 新编 ● 跨学科主题学习	○ 劳动/社会基地实践	
所属任务群	● 日常生活劳动	○ 清洁与卫生 ● 烹饪与营养	○ 整理与收纳 ○ 家用器具使用与维护		
	○ 生产劳动	○ 农业生产劳动 ○ 工业生产劳动	○ 传统工艺制作 ○ 新技术体验与应用		
	○ 服务性劳动	○ 现代服务业劳动	○ 公益劳动与志愿服务		
项目概述	项目背景	"气凉迎寒露，山水送金秋"是教师自编的跨学科主题学习的劳动项目。此项目以家庭劳动为主要内容展开，结合中华优秀传统文化，设置以"做"为中心、有选择性的家庭劳动任务，为学校的劳动育人教育注入新内涵。本项目中，学生在教师的带领下，一起感受寒露节气的特点，探究民俗文化。通过吃螃蟹、饮秋茶、制作川贝炖雪梨等一系列活动，增强劳动意识体验劳动情感，在实践中感受节气和劳作之美。			
	驱动性问题	勤劳智慧的中国劳动人民创造性地提出节气的概念指导生产实践，我们如何有意义地度过寒露节气，保留节气的传统习惯与风俗呢？			

续 表

项目概述	学情分析	学生在初中阶段已经具备了一定的自主学习和合作学习能力，但对于传统文化的了解可能还不够深入。同时，学生对于劳动的认识也可能停留在表面，缺乏深入的理解和体验。因此，需要通过项目化学习，引导学生深入探讨寒露节气的文化内涵和劳动的意义，激发学生的学习兴趣和探究欲望。此外，考虑到学生的身心发展特点，本项目将注重教学氛围的营造和互动环节的设计，让学生在轻松愉快的氛围中学习。
	项目目标	（1）了解寒露节气的由来，了解寒露节气的文化内涵和传统习俗，了解寒露节气与农业生产、劳动的联系； （2）独立或与同伴合作利用书籍、网络搜集需要的信息和资料； （3）通过制作川贝炖雪梨提高烹饪劳动技能，体会劳动生活的美好； （4）基于劳动过程与劳动成果进行反思和总结，提高创造性劳动的能力； （5）增加对传统文化的兴趣和热爱，懂得珍惜和传承文化遗产，坚定文化自信和热爱劳动人民的情感。
	工具与材料准备	（1）准备工具：刀、盘子、碗、蒸锅； （2）准备材料：雪梨1个、川贝1.5克、冰糖适量。

项目结构示意图	确认项目探究主题 → 关于寒露节气有哪些传统习俗 → 寒露节气养生法——川贝炖雪梨的制作 了解寒露节气的气候变化 → 体悟寒露时节的美学价值 → 反思与迁移

劳动素养要求	任务	劳动观念	劳动能力	劳动习惯与品质	劳动精神
	小组讨论、设计方案，并制作整个活动的过程图	○	●	●	○
	搜集资料，了解寒露节气南北方的气候变化	○	●	●	○
	制作寒露节气特点的宣传小报	○	●	●	○

续 表

任　务	劳动观念	劳动能力	劳动习惯与品质	劳动精神
查阅资料，了解寒露节气的传统习俗	○	●	●	○
小组讨论寒露时节有哪些美学价值？	○	●	●	○
通过书法作品、钢琴曲演奏等艺术方式感悟节气之美	○	●	●	○
小组讨论川贝炖雪梨的功能和制作方法	○	●	●	○
准备食材，尝试在家制作川贝炖雪梨，并做好记录	●	●	●	●
分享美食，总结反思	●	●	●	●

(左侧合并单元格：劳动素养要求)

二、项目实施

（一）入项

寒露，是深秋的节令，干支历戌月的起始。在教师的带领组织下，学生针对寒露节气的特点、传统习俗、现代形式等方面，自主分工，提出问题并开展探究，形成了流程图。

（二）问题探究

子问题一：寒露时节，中国南北方有哪些气候上的变化？

寒露是一个反映气候变化特征的节气，寒露节气后，昼渐短，夜渐长，日照减少，热气慢慢退去，寒气渐生，昼夜的温差较大，晨晚略感丝丝寒意。从气候特点上看，寒露时节，南方秋意渐浓，气爽风凉，少雨干燥；北方的东北、西北地区已呈现冬季景象，千里霜铺，万里雪飘，与南方秋色迥然不同。

子问题二：关于寒露节气有哪些传统习俗？

（1）上香山，赏红叶。寒露时节，很多地方有赏枫叶的习俗，"霜叶红于二月花"说的也是这个季节。赏枫叶的这个"赏"字非常重要，不同于坐在窗台上或者走到街道上看看树叶就算了，必得身临其境方能品味其妙。

（2）讲养生，吃芝麻。根据中医"春夏养阳，秋冬养阴"的养生理论，这时人们应养阴防燥、润肺益胃。于是民间就有了"寒露吃芝麻"的习俗。由于寒露与重阳节往往相近，人们在这个时节还要吃花糕，寓意"步步高升"。花糕有"糙花糕""细花糕""金钱花糕"之分。

（3）菊花茶，坚持喝。在寒露节气这一天，古人有时还要取井中的水用来浸造滋补五脏的丸药或药酒，而今天大家则喜欢多饮枸杞菊花茶。古时人们会用寒露节气后新上的枸杞泡澡，这样做可以使人精神焕发。今人如果嫌麻烦，那可以用菊花泡酒或茶，每天坚持喝，也能起到"和颜悦色"的作用。

（4）秋钓边，醉江蟹。寒露时节，全国大部分地区已进入秋季。在江南地区，人们除了赏菊花，还有吃螃蟹、钓鱼的习俗，甚至有"秋钓边"的说法。

子问题三：寒露时节，你是否能体悟当中的美学价值？

（1）感悟自然之美。秋深微寒景斑斓，晨曦凝露景胜春。浓浓秋意伴随寒露而至，北方层林尽染，南方蝉噤荷残，正是最为五彩斑斓的深秋时节。

（2）感悟劳作之美。"寒露时节人人忙，种麦摘花打豆场。"寒露节气至霜降节气这半个月，正是金秋九月秋熟作物成熟、越冬作物开始播种的农忙季节，是秋收、秋种、秋管的重要时期。农家玉米丰收，种植冬小麦，忙得不亦乐乎。

（3）感悟文学之美。在二十四节气中，"寒露"两字最是冰清玉洁。寒露节气之后，雨季的喧嚣归于宁静，烈日的焰火归于萧瑟。寒露而冷，人间清秋，繁华不在。古代文人墨客更是为后人留下了不少经典诗篇，记录这份难得的人间清美。

（4）感悟音乐之美。清露初寒，落叶流风，草木收拢了旺盛的喧嚣，走向成熟的宁静。最是一年橙黄橘绿时，听一首《寒露》，品一曲《彩云追月》，感受生命的应时而变、生生不息。

子问题4：寒露节气养生法——如何制作川贝炖雪梨？

将雪梨表皮洗净，在梨的1/3处切开，去核，将川贝和冰糖放入雪梨里，隔水炖一小时左右即可。

川贝炖雪梨是历来为大众公认的清润滋补佳品,可常食,秋季最宜。川贝味甘、苦,性微寒,能清热,其质润,可润肺化痰。

(三)出项

学生瞬间化身为寒露节气养生小达人,品茗、书法、制作分享美食(图1至图3)。

图1　寒露品茗小达人

图2　寒露书法小达人

图3　寒露养生小达人

三、项目评价

为了全面关注学生的能力与素养发展,针对本项目的表现性任务,分别从劳动课程素养和项目化学习素养两大方面对学生进行表现性评价。

(一)劳动课程素养评价(表1)

表1 劳动课程素养评价

劳动素养	具体指标	素养要求	星级评价
劳动能力	知识技能	正确使用常用工具,根据设计完成作品的制作,并对作品进行修改完善与迭代;利用常用劳动技能解决劳动中的实际问题	☆☆☆
	筹划思维	准备相应的材料和工具,讨论安全注意事项,预想劳动过程中的困难及解决方法	☆☆☆
	劳动创造	根据劳动任务的作用、意义和价值进行创造性劳动,取得体现创新精神的劳动成果;运用多学科知识与技能解决问题	☆☆☆
	团队合作	在合作中,取长补短,互相帮助,有时间观念,感知合作能提高劳动效率的道理	☆☆☆
劳动习惯与品质	自觉劳动	在参与劳动过程中,发挥主观能动性并愿意努力地进行劳动。	☆☆☆

(二)项目化学习素养评价(表2)

四、反思与迁移

(一)提升了学科知识和劳动技能并探究劳动的意义

通过本次项目化学习,学生认识了寒露这一节气,追溯历史渊源,深度挖掘其内在的文化内涵和美学价值,体验并探究劳动的意义。共同开发利用学校、家庭、社会三方资源,学生在学校接受任务、交流任务,通过菜场、超

表 2 项目化学习素养评价

一级维度素养	二级维度素养	新 手	基 本	合 格	进 阶
1.使用资料	选用资料	（1）能够选用与研究问题相关的、提供关键证据的资料源；（2）在合适的情况下，能够选用不同格式的资料源	（1）能够就研究问题选择贴近的可信息源的资料源；（2）在合适的情况下，能够选用不同格式、不同角度的资料源	（1）能够就研究问题选择能提供有细节的可信信息源的资料源；（2）在合适的情况下，能够选用不同格式、不同角度的资料源	（1）能够就研究问题选择能提供有细节的、综合的可信信息源的广泛的资料源；（2）在合适的情况下，能够选用不同格式、不同角度的资料源
2.问题解决	制定方案	（1）能够在引导下，选择贴近问题情境的解决策略或方法；（2）能够在给定评价标准以及引导的情况下，对方案进行整体"印象"的判断	（1）能够自主选择贴近问题情境的解决策略或方法；（2）能够在给定评价标准的情况下，对方案进行整体"印象"的判断	（1）能够自主选择合适的策略或方法来解决问题；（2）能够选择或制定粗略的评价标准来评估方案的策略或方法的整体"印象"以及合理性	（1）能够自主选择多个有效的策略或方法来高效地解决问题；（2）能够选择或制定合适的评价标准来评估方案的策略或方法的有效性，并基于评估结果确定方案或进一步需要的行动
	执行方案	能够参考计划粗略地推进方案的执行，但执行效果不理想，只能满足原始方案的小部分要求	能够按计划推进方案的执行，但效果可能不理想，只能满足原始方案要求的部分	（1）能够按计划推进方案的执行，满足原始方案的大部分要求；（2）能够收集执行方案过程中的反馈	（1）能够按计划推进方案的执行，满足原始方案的全部要求，并且在必要的情况下进行一定的"灵活"更改；（2）能够基于执行方案过程中收集的反馈进行问题解决流程上的优化

续表

一级维度素养	二级维度素养	新 手	基 本	合 格	进 阶
3.产出/公开展示	应用多媒体交流	(1) 能够在有指导和支持的情况下, 使用多媒体技术和工具来开展观点的表达（以文本或其他可视化的形式）； (2) 掌握指定的多媒体技术或工具中最相关的部分	(1) 能够在一些指导和支持的情况下, 使用多媒体技术和工具来澄清信息、强化特定的表达要点； (2) 能够合理地运用指定的多媒体技术和工具	(1) 能够有目的地使用多媒体技术和工具来澄清信息、强化观点并引起观众的兴趣； (2) 能够有目的地运用多媒体技术和工具	(1) 能够有策略地使用多媒体技术和工具来强化观点, 证据的表达, 能够吸引观众的兴趣, 并增强观众对于表意的理解； (2) 能够有目的地运用多媒体技术和工具

市、网络等社会渠道采购食材，在家中完成任务活动。

与此同时，学生提升了很多学科知识和劳动技能。在寒露时节，人们的饮食习惯也作出了相应的调整。如多吃一些营养丰富、温暖全身的食物以增强身体的免疫力，抵御寒冷。学生在制作川贝炖雪梨的炖煮过程中不仅能够了解饮食文化的"节气性"，还可以培养自己的耐心和毅力，在亲力亲为中既感受到了做餐乐趣，也体会到了烹饪一日三餐的辛苦，学会了珍惜劳动成果。

（二）将学习与生活有机结合

以自然为师，与环境为友，将学习与生活进行有机结合。一年最美是清秋，感知寒露时节的美学意境，体会其中的文化意蕴，发挥人与自然和谐相处的智慧和创造力，让节气在劳动中焕发新生命，在劳动中立德树人，这就是本次项目化学习的意义和价值所在。

五、学生随笔

寒露，在南方意味着秋意渐浓、丹桂飘香，而北方即将进入冬天、枫叶渐红。"一场秋雨一场寒"，吹落的黄花在秋风中漫舞，散落在道路两旁。在晚霞映射下，金光闪闪。一道美景让路人驻足，留下瞬间的美好。

寒露，意味着与秋天渐行渐远；而我向花季越走越近。花季是充满理想而又短暂的，花季又是纯洁美好的，洋溢着青春。愿我，漫步于青春脚步声中，成为幸福的追梦人！

——蔡音慈

"袅袅凉风动，凄凄寒露零。"寒露来临，意味着秋天的结束，天气渐渐变得寒冷，自古以来，大多文人墨客对于寒露的态度都是凄婉悲凉的。但我并不这样觉得。虽然俗话说"一场秋雨一场寒"，但是寒露时节，大雁开始南飞，菊花已经完全开放。我喜欢菊花，它没有牡丹那么张扬，也没有芍药那么艳丽，它虽然朴素，但是却给寒露增添了一股芳香，寒露就是那样。

寒露也是一年的丰收的时节。丰收的喜悦足以覆盖那越来越低的温度，外表是冷的，内心是热的。我们一年的努力也不会白费，我相信，寒露来了，粮食、果实的丰收来了，一年的学习将会伴着知识的增长，一块儿来。

——刘珺梵

霜降·风卷颂清云，霜降兼茂白

乔丽倩

一、项目说明

节气活动时间	10月9—24日	适用年级	六年级	总课时数	3
劳动场域	● 教室	○ 教室外校园内	● 家庭	○ 劳动/社会基地	
所属板块	○ 公共必修	○ 改编	○ 新编		
	● 特色必修	○ 非遗传承	● 跨学科主题学习	○ 劳动/社会基地实践	
所属任务群	● 日常生活劳动	○ 清洁与卫生 ● 烹饪与营养	○ 整理与收纳 ○ 家用器具使用与维护		
	○ 生产劳动	○ 农业生产劳动 ○ 工业生产劳动	○ 传统工艺制作 ○ 新技术体验与应用		
	○ 服务性劳动	○ 现代服务业劳动	○ 公益劳动与志愿服务		
项目概述	项目背景	"风卷颂清云，霜降兼茂白"是教师自编的跨学科主题学习的劳动项目。此项目运用项目化学习的教学模式，以家庭劳动为主要内容展开，结合中华优秀传统文化，和有选择性的家庭劳动任务，为学校的劳动教育注入新内涵。本项目中，学生在教师的带领下，一起感受霜降节气的特点，探究民俗文化，通过实验探究和动手制作霜降节气养生美食等活动感受秋日的清新与舒适，形成热爱劳动的真挚情感，塑造健全的人格。			
	驱动性问题	假如你是二十四节气宣传大使，将如何带领大家深入感受霜降节气特点，又能通过什么方式保留节气的传统习惯和风俗呢？			

续 表

项目概述	学情分析	学生在沪教版《地理》教材中，已对二十四节气有初步了解，但对霜降节气的具体特点及影响认识较浅；在劳动知识与能力方面，具备一定的查阅资料和小组合作能力，然而在制作养生美食等劳动技能上有待提高；在科学方面，已经了解霜花形成的原理。本项目旨在以霜降节气为切入点，让学生深入了解节气知识，感受天气变化对农作物的影响。
	项目目标	（1）了解霜降节气的特点，熟悉霜降节气出现的时间范围以及在自然界中的表现和特点； （2）通过独立查阅资料、小组合作完成"制作霜花"小实验，感受霜降时节天气的变化以及对农作物生长和农业活动的影响，理解农业生产的规律和农民的工作安排； （3）通过制作霜降节气各种养生美食，提高劳动技能，培养追求健康生活的品质； （4）通过多种艺术形式感悟大自然美好，深入思考生命的意义与价值。
	工具与材料准备	（1）准备工具：刀具、杯子、盘子、搅拌机、炒锅； （2）准备材料：柿子、椰汁、大料、羊排、萝卜、白糖等。
项目结构示意图		确认项目探究主题 → 探究"霜的形成" → 制作霜降美食 了解霜降节气的特点及习俗　感悟霜降节气之美　反思与迁移

劳动素养要求	任　务	劳动观念	劳动能力	劳动习惯与品质	劳动精神
	小组讨论、设计方案，并制作整个活动的过程图	○	●	●	○
	查阅资料，了解霜降节气有哪些特点	○	●	●	○

续　表

	任　务	劳动观念	劳动能力	劳动习惯与品质	劳动精神
劳动素养要求	查阅资料，探究霜的形成原因	○	●	●	○
	小组合作完成"霜花"实验，观察实验现象	○	●	●	○
	查阅资料，探讨霜降节气有哪些传统习俗，如何通过传统习俗感受霜降节气之美	○	●	●	○
	小组讨论霜降节气可以制作哪些美食？	○	●	●	○
	准备食材，尝试在家制作一种霜降美食，并做好劳动记录	●	●	●	●
	分享美食，总结反思	●	●	●	●

二、项目实施

（一）入项

天气渐寒始于霜降。霜降作为秋季最后一个节气，是秋季到冬季的过渡。霜降时节，万物毕成，毕入于戌，阳下入地，阴气始凝。在教师的带领组织下，学生针对霜降节气的特点、成因、传统习俗等方面，自主分工，提出问题并研究，形成了流程图。

（二）问题探究

子问题一：通过上网查阅资料、采访农作物耕种者等方式，可以了解到霜降节气的哪些特点？

霜降是二十四节气中的第十八个节气，通常出现在公历10月23日或24日。霜降特点如下：

（1）温度下降。随着霜降节气的到来，气温逐渐下降，白天和晚上的寒冷感增加。霜降节气之后，大地上会出现霜冻现象，尤其是在北方地区。

（2）降水减少。霜降时节，降雨量相对较少，往往是干燥的季节。这也为农民进行秋收工作提供了较好的天气条件。

（3）霜冻频繁。霜降节气期间，夜间温度骤降，可能会出现频繁的霜冻现象。霜冻对于农作物有一定的影响，需要采取防护措施。

（4）秋色浓郁。霜降节气过后，秋天的景色更加浓郁多彩。树叶逐渐变黄、变红，构成了一幅美丽的秋景画卷。

（5）粮食丰收。霜降时节是秋季丰收的季节，农作物如稻谷、大豆、高粱等进入成熟期。人们庆祝丰收，感恩大自然的馈赠。

（6）节气活动。在霜降节气前后，人们会举行各种庆祝活动和传统活动，如品尝秋季美食、采摘水果、登高赏秋等，以庆祝丰收和欢度秋天。

这些特点使得霜降节气成为重要的转折点，标志着秋天进一步深入，也为人们带来了新的体验和享受。

子问题二：霜是怎么形成的？

（1）自然界中"霜"的形成。地形与气候是大自然最重要的两个要素。而气候对生活的影响之深刻，我们每时每刻都能感受到。其最重要的两个方面就是热量和水分。气温升高，水吸收热量会升温，乃至蒸发，吸收热量蒸发后，又会反过来影响气温，使得气温的波动幅度减小。而蒸发形成的水蒸气，降温之后又会以雨、霜等形式返回。所以气温和降水之间的关系，是地理学科中的一个重要关系，两者相互影响导致自然景观丰富多彩。学生在教师带领下整理了容易出现混淆的三个概念：霜降、霜、霜冻，以及霜形成的条件，霜冻形成的条件、危害、防治措施，还有两个经常遇到的概念：无霜期与积温。

（2）制作"霜花"。准备一个易拉罐、一些冰块和食盐。将易拉罐剪开，把冰块放入易拉罐中捣碎，将食盐倒入碎冰中并搅拌。十秒钟后，便会有白色的冰晶在易拉罐的外壳凝结，范围逐渐扩大。

实验小组成员通过实验操作感知"霜花"的形成，明白了气温下降导致水在气态、液态、固态之间发生变化，于是便有了自然界中雨雪冰霜等自然现象的发生。

子问题三：了解关于霜降节气的传统习俗，并通过绘画、唱歌、朗诵等方式感受霜降节气之美。

（1）吃柿子。俗语说："霜降吃丁柿，不会流鼻涕。"民间认为，霜降节气吃柿子，冬天就不容易感冒、流鼻涕。霜降前后，柿子正当季，皮薄，味甜，因此很多地方都有"霜降吃红柿"的习惯。

（2）登高远眺。秋季大气中的浮尘和污染物较少，且山林中空气新鲜、氧气充足，因此古人也会在霜降时登高远眺。登高赏景，既能舒肺、化浊气，也可以愉悦心情。但由于气温降低，在登高前务必要做好保暖措施，以免受寒。

（3）养生——感悟生命之美。霜降节气过后，冬季即将来临，时间似乎在不断流逝。这提醒我们要珍惜眼前的一切，珍惜生命中的每一个瞬间。生命的美丽不仅体现在它的存在，更在于我们对于每个时刻的真正感受和体验。

子问题四：霜降节气过后，马上进入寒冷的冬天，我们可以制作哪些美食呢？

作为秋季的最后一个节气，霜降意味着气温越来越冷，天气也越干燥。秋冬交替，饮食起居更要格外注意，润燥驱寒谨记"吃三样、补三样"。

（1）吃柿子。此时正是柿子成熟的季节，肉质饱满，入口甘甜，含有丰富的维生素C与膳食纤维，还能润肠通便、润肺生津。

（2）吃牛肉。牛肉属于温性食物，霜降时节吃牛肉，既能滋补又能增强体质，其含有的丰富蛋白质和氨基酸，能滋养脾胃、止渴暖身，不易上火。

（3）吃萝卜。"秋后萝卜赛人参。"霜降时节的萝卜吃起来脆爽甘甜，又能刺激味觉、增进食欲。萝卜中含有的淀粉酶还能促进肠胃蠕动，补充水分缓解秋燥。

(三) 出项

在活动中，学生热情洋溢地投入到美食制作中。他们穿上围裙，戴上手套，充分展现了自己的厨艺。

（1）柿子雪媚娘。秋天如果有味道的话，那一定是柿子甜美的味道，一不小心就甜到"心巴"上了！外皮软糯还拉丝，雪媚娘包着蜜柿肉，一口下去瞬间爆浆，蜜柿肉溢满唇齿（图1），真的是太幸福了，太满足了！

（2）椰香柿柿。秋天怎么能少得了奶茶呢？新鲜的柿子与香滑的奶茶相融合，带给你秋天的美好味觉体验。柿子的甜美和奶茶的丝滑口感完美结合，每一口都是对秋日的赞美。在寒冷的季节里，一杯热腾腾的柿子奶茶将温暖你的身心。闭上眼睛，品味柿子的果香与奶茶的香气，在舌尖上绽放出一片秋日的温暖。

（3）羊排烧萝卜。有句农谚说："处暑高粱，白露谷，霜降到了拔萝卜。"嫩滑的羊排与香气四溢的萝卜相融合，带给你冬日的美味享受。精选优质羊排搭配鲜嫩的萝卜，入口即化，肉质鲜美多汁。炖煮的过程中，羊排与萝卜相互交融，彼此释放出浓郁的香气，令人垂涎欲滴。每一口都是对霜降时节的赞美。

还有学生通过绘画、制作小报等形式来展示"霜降"之美（图2至图4）。

图1　柿子雪媚娘

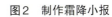

图2　制作霜降小报

图3　柿子素描

图4　柿子国画

三、项目评价

为了全面关注学生的能力与素养发展，针对本项目的表现性任务，分别从劳动课程素养和项目化学习素养两大方面对学生进行表现性评价。

（一）劳动课程素养评价（表1）

表1 劳动课程素养评价

劳动素养	具体指标	素养要求	星级评价
劳动观念	崇尚劳动	形成崇尚劳动的意识，在劳动实践过程中，树立劳动最光荣、劳动最崇高、劳动最伟大、劳动最美丽的观念	☆☆☆
劳动技能	知识技能	正确使用常用工具，根据设计完成作品的制作并对作品进行修改完善与迭代；利用常用劳动技能解决劳动中的实际问题	☆☆☆
	劳动创造	根据劳动任务的作用、意义和价值进行创造性劳动，取得体现创新精神的劳动成果；运用多学科知识与技能解决问题	☆☆☆
	团队合作	知道合作需要合理的任务分工的道理，听从组长的安排，共同完成任务	☆☆☆
劳动习惯与品质	自觉劳动	在参与劳动过程中，发挥主观能动性、并愿意努力地进行劳动	☆☆☆

（二）项目化学习素养评价（表2）

四、反思与迁移

（一）培养了综合运用能力，创新思维能力和社会责任感

天高云淡霜降时，秋色宜人赏不辞。在本项目化学习中，学生通过实践与学习相结合，深入探索了霜降节气的知识和意义，不仅加深了对霜降节气的理解，还培养了综合运用能力、创新思维能力提升了社会责任感。在这个过程中，学生亲身体验霜降时节的自然现象、参与实验活动、参加庆祝活动等，收获宝贵的经验和知识，也从中学到如何观察、思考和解决问题的能力，提升自己的学习兴趣和主动性。同时，也明白学习不仅仅局限于课堂的知识，还与实践和社会紧密相连。

表2 项目化学习素养评价

一级维度素养	二级维度素养	新 手	基 本	合 格	进 阶
1. 使用资料	选用资料	（1）能够运用与研究问题相关的、提供关键证据的资料源；（2）在合适的情况下，能够选用不同格式的资料源	（1）能够就研究问题选择可信信息的资料源；（2）在合适的情况下，能够选用不同格式、不同角度的资料源	（1）能够就研究问题选择可信信息的、能提供有细节的可信信息的资料源；（2）在合适的情况下，能够选用不同格式、不同角度的资料源	（1）能够就研究问题选择合适的、能提供有细节的、综合广泛的可信信息的资料源；（2）在合适的情况下，能够选用不同格式、不同角度的可用的资料源
2. 问题解决	制定方案	（1）能够在引导下，选择贴近问题情景的解决策略或方法；（2）能够在给定评价标准以及引导的情况下，对方案进行整体"印象"的判断	（1）能够自主选择贴近问题情景的解决策略或方法；（2）能够在给定评价标准的情况下，对方案进行整体"印象"的判断	（1）能够自主选择合适的策略或方法来解决问题；（2）能够选择或制定粗略的评价标准来评估策略或方案的整体"印象"以及合理性	（1）能够自主选择多个有效的策略或方法来高效地解决问题；（2）能够选择或制定合适的评价标准来评估策略或方法的有效性，并基于评估结果确定方案或进一步需要的行动
	执行方案	能够参考计划粗略地推进方案的执行，但执行效果不理想，只能满足原始方案的小部分要求	能够按计划推进方案的执行，但效果可能不理想，只能满足原始方案的大部分要求	（1）能够按计划推进方案的执行，满足原始方案的大部分要求；（2）能够收集执行方案过程中的反馈	（1）能够按计划推进方案的执行，满足原始方案的全部要求，并且在必要的情况下进行一定的"灵活"更改；（2）能够基于执行方案过程中收集的反馈进行问题解决流程上的优化

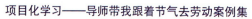

续表

一级维度素养	二级维度素养	新手	基本	合格	进阶
3. 责任意识	承担责任	(1) 能够对自己负责，关心集体； (2) 能够积极参与志愿者活动、社区服务活动； (3) 能够参与校园生活的民主实践	(1) 有主人翁意识，对自己负责，关心集体； (2) 有担当精神，积极参与志愿者活动、社区服务活动，热爱自然，践行绿色生活方式； (3) 能够根据规则参与校园生活的民主实践	(1) 有主人翁意识，对自己负责，关心集体，关心社会，关心国家； (2) 有担当精神，具有为人民服务的奉献精神，积极参与志愿者活动、社区服务活动，热爱自然，践行绿色生活方式； (3) 能够依法依规参与公共事务，根据规则参与校园生活的民主实践	(1) 有主人翁意识，对自己负责，关心集体，关心社会，关心国家； (2) 有担当精神，具有为人民服务的奉献精神，积极参与志愿者活动、社区服务活动，热爱自然，践行绿色生活方式； (3) 能够依法依规参与公共事务，根据规则参与校园生活的民主实践； (4) 能够做出具有长期积极影响力的行动

（二）体会到劳动的辛苦和价值，具备安全意识

学生通过制作柿子雪媚娘、羊排烧萝卜等丰富多彩的劳动活动加深了对霜降节气的认知，也体会到劳动的辛苦和价值，明白劳动可以改善生活的道理，从而树立正确的劳动观念和态度。尤为可贵的是，学生在劳动过程中树立注意安全、规范操作劳动工具的意识，这将会受益终身。

五、学生随笔

霜降，这个富有传统文化内涵的节气，通过此次活动，在我心中变得更加生动而深刻。我了解了霜降节气的特点、习俗和文化意义等，感受到了中国传统文化的独特魅力。

而在活动中，我与老师和同学们的互动，让我对师生关系有了新的认识。老师不再是课堂上的威严形象，而是亲切的引导者和伙伴。我们一起探索、学习，分享着彼此的见解和体验。这种平等、和谐的师生关系，让我更加享受学习的过程。这次活动不仅丰富了我的知识，更让我在传统文化的熏陶中，体会到了师生共同成长的快乐。

——李林轩

参加本次项目化学习活动的过程中，我对传统文化有了更深刻的认识，自身的综合素养也得到了提升。

通过参与这次活动，我仿佛打开了一扇通往传统文化的大门。我了解到霜降这个节气不仅代表着气候的变化，更蕴含着丰富的文化内涵。从节气习俗到文化传承，每一个细节都让我感受到中华民族悠久的历史和深厚的文化底蕴。

同时，这次活动提升了我的综合素养。在活动中，我学会了团队合作，与同学们共同探讨、共同进步。我的沟通能力得到了锻炼，能够更加清晰地表达自己的观点和想法。此外，活动还培养了我自主学习的能力，让我主动去探索和了解霜降相关的知识。

——朱佳乐

立冬·秋意虽未尽消，寒风凛然而至

张笑笑

一、项目说明

节气活动时间	10月30日至11月6日	适用年级	七年级	总课时数	3
劳动场域	○ 教室	● 教室外校园内	● 家庭	○ 劳动/社会基地	
所属板块	○ 公共必修	○ 改编	○ 新编		
	● 特色必修	○ 非遗传承	● 跨学科主题学习	○ 劳动/社会基地实践	
所属任务群	● 日常生活劳动	○ 清洁与卫生 ● 烹饪与营养	● 整理与收纳 ○ 家用器具使用与维护		
	○ 生产劳动	○ 农业生产劳动 ○ 工业生产劳动	○ 传统工艺制作 ○ 新技术体验与应用		
	○ 服务性劳动	○ 现代服务业劳动	○ 公益劳动与志愿服务		
项目概述	项目背景	立冬是二十四节气中的第十九个节气，标志着秋季的结束和冬季的开始。立冬通常在公历11月7日或8日。在这一天，太阳经过黄经225°，阳光逐渐减弱，寒意扩散。项目活动中，教师带领学生探索立冬节气的特点并融合民俗文化和劳动教育，相关内容为他们提供了一次别具意义的实践机会：成为立冬节气文化的宣传大使，制作立冬节气相关的宣传简报；感受立冬节气的特色，探究相关的民俗文化；学习立冬节气的传统习俗，吃饺子、炖补汤等，了解立冬节气的饮食养生之道；通过观察气候、天气温度等变化，了解立冬节气对自然界的影响。让学生对季节变化有了更深入地理解，并且在实践中感受到了深秋的清新与舒适。			

续 表

项目概述	驱动性问题	假如你是立冬节气的宣传大使,会怎样带领同学们去感受它的美好与意义呢?怎样发挥主观能动性呢?
	学情分析	七年级的学生通过沪教版七年级上册《地理》教材的学习,已经对季节、气候等特点有所了解,大部分学生已初步掌握素描、色彩、美工等绘画技巧。他们具备一定的生活经验,在家长的指导下可以独立完成一些家务劳动,如物品整理、烹饪等;也具备初步搜集整理信息的能力、解决问题的能力、语言组织表达的能力以及团队合作的经验。
	项目目标	(1)了解立冬节气的特点,并到大自然中切身感受立冬节气气候、温度的变化; (2)感受立冬时节天气的变化以及其对农作物生长和农业活动的影响,理解农业生产的规律和农民的工作安排; (3)探索立冬时节人们举行的各种传统习俗、庆祝活动,深入了解中国民俗风情; (4)研究与立冬节气相关的健康养生方法,探索立冬时节人们保护身体健康、增强抵抗力的方法; (5)通过绘画、朗诵等艺术方式感悟大自然的美好,深入思考生命的意义与价值,欣赏生命的美好和多样性。
	工具与材料准备	(1)准备工具:锅、碗、筷子等; (2)准备材料:饺子皮、肉馅、调料等。
项目结构示意图	确认项目探究主题 → 了解立冬节气的特点；深入大自然切身感受立冬节气的气候变化 → 了解立冬节气相关的传统习俗；制作与立冬节气相关的美食及手工作品 → 反思与迁移	

劳动素养要求	任 务	劳动观念	劳动能力	劳动习惯与品质	劳动精神
	了解饺子的制作流程	○	●	○	○
	了解肉馅的调和方式	○	●	●	○
	学习各种包饺子的方式	○	●	●	○

续 表

劳动素养要求	任 务	劳动观念	劳动能力	劳动习惯与品质	劳动精神
	整理桌面	●	●	●	○
	多维度评价，总结反思	●	●	●	●

二、项目实施

（一）入项

立冬作为冬季的第一个节气，是秋季到冬季的过渡。立冬节气的主要特点是气温骤降，白天的温度下降，而夜晚则更加寒冷，这是进一步迈入寒冷冬季的重要标志。随着冬季的临近，寒气愈发明显，人们要开始穿厚衣保暖，更加注重锻炼身体。活动中教师带领学生一起了解项目背景、制定方法和策略、规范时间和资源、制定小组沟通计划、举行启动仪式等，学生针对立冬节气的特点、传统习俗等方面，自主分工，提出问题并加以研究。

（二）问题探究

子问题一：立冬节气的含义和气候特点是什么？

为了让学生充分感受立冬节气的特点，教师带领大家去留云湖进行了一场户外野餐活动。一路上学生三五成群，欢声笑语，时而驻足观察。随着天气由晴转阴，暴雨倾盆而下，再到艳阳高照，大家充分感受到了立冬节气以下的气候特点：

（1）气温下降。立冬节气标志着气温的明显下降。随着夏秋季节的结束，冬季的寒冷逐渐加强。昼夜温差增大，白天相对较暖，夜晚较为寒冷。

（2）寒潮频繁。立冬时期，受北方寒潮和冷空气活动的影响，寒潮频繁出现，给气温带来更大的波动。大风、低温和降雪等极端天气现象也较为常见。

（3）多雨少雪。立冬时节的降水主要以雨水为主，尤其对于南方地区来说，冬雨较多。而北方地区可能出现较多的降雪，标志着雪季的开始。

（4）日照时间减少。立冬节气后，白天的时间明显缩短，夜晚变长。阳光照射时间逐渐减少，天空多云的频率增加。

总的来说，立冬节气的气候特点是气温下降、寒潮频繁、降水以雨水为主、日照时间减少，这是冬季正式开始的标志，也提醒人们需适应和应对气候的寒冷变化。

子问题二：立冬节气在不同地区有哪些不同的传统习俗？

不同地区在立冬节气有不同的传统习俗。例如，有些地方会进行冬令祭祀，祈求冬季平安与丰收；有些地方会举办吃饺子的活动；还有些地方会过"立冬节"，举行各种有关冬季的庆祝活动，如舞狮、杂耍等，同样也会有美食摊位供人品尝。

子问题三：立冬节气吃什么？

立冬节气之后，天气逐渐寒冷，气温降低，这会对人们的生活产生一定的影响。人们需要增添衣物，保持身体的温暖；饮食上也会出现一些变化，多以温热食物为主，如炖煮食品等，帮助保暖和滋补身体。

子问题四：与立冬节气相关的诗词歌句有哪些？

与立冬节气相关的诗词歌句包含了对冬季、温暖、寒冷等方面的描写，以下是一些相关的诗词歌句：

（1）立冬临水又秋烟，瑞雪纷纷万事鲜。——宋·唐婉《和陈仲强晓起读茶诗吟》

（2）日暮霜飞，天寒地冻。——宋·辛弃疾《霜天晓角》

（3）立冬雨雪不飞花，身世沉冰泪自答。——清·赵翼《咏雪》

（4）立冬阳关射涿罡，沈水堂南洪海洋。——清·杨慎《立冬》

（5）寒霜凛凛明月高，立冬尽日不寒毛。——唐·张浑《伪许禀》

（6）立冬冱北国，气寒凌北斗。——清·曹寅《立冬》

这些诗词歌句以语言优美、意境深远的方式表达了立冬节气带来的冷瑟寒冽和冬季的特点，通过描绘自然景观和来年农作物的生长等，展现了人们对冬季的感受和对未来的期待。

子问题五：秋收冬藏，在冬季来临之前怎样进行冬季物品的整理与保养活动？

学生在教师引导下，通过父母等长辈的指导对自己的衣物、床单被褥进行了整理，对家中的皮质衣鞋进行了保养。这些活动不仅能养成学生整理的好习惯，还增加了学生的生活常识，增进了亲子关系。那么应该怎样在立冬节气到来之际，对自己家中的东西进行整理、收纳和保养呢？

（1）冬季衣物整理与保养。整理冬季衣物时，首先应该分类清晰，将已经磨损或不合适的衣物丢弃或捐赠。然后进行清洗，确保衣物干净卫生。保养时，可以使用防虫剂来防止衣物受到虫害，同时注意衣物的收纳，最好采用透气、防潮的储存方式。

（2）冬季寝具整理与保养。开始使用冬季的寝具前，应先采用拍打、晾晒等方式进行清洁。然后，定期更换床单、被套和枕套，保持寝具的清洁度。在存放寝具时，也需要采取防虫、防潮等措施，以确保下一次使用时的舒适度。

（3）冬季鞋靴整理与保养。冬季鞋靴容易受到湿气和污垢的影响，因此需要及时清洗和保养。清洗前，应将鞋内的杂物清理干净。对于皮革鞋靴，可以使用适合的皮革护理产品进行保养，增强皮革的耐久性。而对于布料鞋靴，则可以使用适当的清洁剂进行清洗。

（4）冬季家具与家电的整理与保养。检查冬季家具和家电的使用情况，如暖气、空调、热水器等，确保其正常运转。同时，对于不常用的家具和家电，可以进行清洁并进行适当的保护措施，以防止积尘和损坏。

（三）出项

在二十四节气中，立冬代表着冬季的正式开始，气温逐渐下降，寒冷气候逐渐加强。学生通过一系列实践活动，对立冬节气进行了深入的了解与体验：以立冬节气相关的气候特点、传统习俗以及对人们生产生活的影响为主题进行小报制作或绘画创作；制作荠菜肉馅的饺子，共享立冬美食（图1至图4）。

图1　立冬习俗小报一

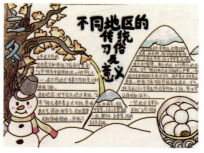

图2　立冬习俗小报二

图3 立冬习俗小报三　　图4 制作荠菜肉馅饺子

三、项目评价

为了全面关注学生的能力与素养发展，针对本项目的表现性任务，分别从劳动课程素养和项目化学习素养两大方面对学生进行表现性评价。

（一）劳动课程素养评价（表1）

表1 劳动课程素养评价

劳动素养	具体指标	素　养　要　求	星级评价
劳动观念	尊重劳动	能体会到美食的制作不易	☆☆☆
	热爱劳动	自愿参与到劳作中来，不怕苦，不怕脏；保持良好的习惯	☆☆☆
劳动能力	知识技能	了解常用的搅拌工具、磨具，清楚包饺子的过程，根据相关步骤，正确使用劳动工具	☆☆☆

（二）项目化学习素养评价（表2）

表2 项目化学习素养评价

一级维度素养	二级维度素养	新　手	基　本	合　格	进　阶
使用资料	综合多元资料	能够就同一话题的多份资料通过比较和分类整合资料	能够通过比较多份资料之间的信息建立资料之间的联系	能够通过把来自不同资料源中的相似信息分组来建立资料之间的联系，或者能够识别不同资料间内容、种类的不同	能够就不同资料源中的信息进行对比和分组，以增强或延伸论点或解释
艺术素养	创造	能够初步掌握一些所学艺术形式的创作方法和技巧	能够初步掌握所学艺术形式的创作方法和技巧	能够基本掌握所学艺术形式的创作方法和技巧，并能够创作简单的艺术作品	能够掌握所学艺术形式的创作方法和技巧，并能够完整创作的艺术作品
责任意识	承担责任	（1）能够对自己负责，关心集体； （2）能够积极参与志愿服务活动、社区服务活动； （3）能够参与校园生活的民主实践	（1）有主人翁意识，对自己负责，关心集体； （2）有担当精神，积极参与志愿者服务活动、社区服务活动，热爱自然，践行绿色生活方式； （3）能够根据规则参与校园生活的民主实践	（1）有主人翁意识，对自己负责，关心集体，关心社会，关心国家； （2）有担当服务的奉献精神，积极参与志愿者活动、社区服务活动，热爱自然，践行绿色生活方式； （3）能够依法依规参与公共事务，根据规则参与校园生活的民主实践	（1）有主人翁意识，对自己负责，关心集体，关心社会，关心国家； （2）具有为人民服务的奉献精神，积极参与志愿者活动、社区服务活动，热爱自然，践行绿色生活方式； （3）能够依法依规参与公共事务，根据规则参与校园生活的民主实践； （4）能够做出具有长期积极影响力的行动

四、反思与迁移

（一）培养知识综合运用能力和社会责任感

本次项目化学习与实践结合，使学生更深入地了解立冬节气相关的知识和技能，同时涉及多个学科领域，学生需要从不同学科的角度去探索和研究立冬节气相关的内容，促进了跨学科综合能力的发展，培养了学生的综合素质和社会责任感。但由于客观条件的限制，整个项目的设计仍有很多不足之处，我们应该充分利用学校、家长和社会的资源来为活动做好准备，让学生不仅学习到知识，还能感受到学习过程的快乐。

（二）感受季节的变化和大自然的魅力

"立冬临水又秋烟，瑞雪纷纷万事鲜。"总的来说，通过本次实践活动，学生深入了解了二十四节气中的立冬，加深了对冬季的认识与体验。同时，这些活动也培养了学生的观察力、操作能力和动手实践的能力。希望通过这些实践活动，学生能更好地感受到季节的变化和大自然的魅力。

五、学生随笔

在这次立冬节气的劳动体验中，我不仅深刻感受到了传统文化的魅力，还学到了许多实用的劳动技能。通过导师的指导，和妈妈的配合准备过冬的物资，这些活动让我对劳动的意义有了更深的理解。我学会如何更好地与人沟通协作，也提高自己解决问题的能力。与老师和同学的共同劳动，让我们的关系更加密切，也让我体会到集体合作的力量。通过这次活动，我对传统文化有了更多的尊重，也学会如何在日常生活中应用这些传统智慧，增强我的综合素养。

——黄昱泽

参与立冬节气的项目化学习，我获得了许多宝贵的经验和技能。在这个过程中，我不仅对中国传统节气有了更深入的了解，也认识到传统文化在现代生活中的应用价值。活动过程中，我学会如何观察天气变化，了解耕种与储存食物的知识，这些让我更加敬佩劳动者的辛勤与智慧。此外，通过与同学和老师的互动,我们的关系变得更加和谐。这次学习不仅提升了我的劳动技能,也锻炼了我的身体和意志,增强我的综合素养,让我在未来的学习和生活中更加自信。

——王文惜

小雪·食遇小雪，味享传统

游巧琴

一、项目说明

节气活动时间	11月7—21日	适用年级	八年级	总课时数	3
劳动场域	● 教室	● 教室外校园内	● 家庭	○ 劳动/社会基地	
所属板块	○ 公共必修 ● 特色必修	○ 改编 ○ 非遗传承	○ 新编 ● 跨学科主题学习	○ 劳动/社会基地实践	
所属任务群	● 日常生活劳动	○ 清洁与卫生 ● 烹饪与营养	○ 整理与收纳 ○ 家用器具使用与维护		
	○ 生产劳动	○ 农业生产劳动 ○ 工业生产劳动	○ 传统工艺制作 ○ 新技术体验与应用		
	○ 服务性劳动	○ 现代服务业劳动	○ 公益劳动与志愿服务		
项目概述	项目背景	"食遇小雪，味享传统"是教师自编的跨学科主题学习的劳动项目。此项目以冬季的第二个节气——小雪为背景展开。小雪节气的到来，意味着天气会越来越冷、降水量渐增。小雪节气的习俗包括腌咸菜、品尝糍粑、晒鱼干、吃刨汤、酿小雪酒等。本项目中，学生化身节气文化的宣传大使，寻找小雪节气的特点，探究民俗文化，融合劳动教育，结合实验探究，在实践中感受节气之美。学生通过亲手制作腊肉、香肠和观赏腌菜过程等实践活动，深入了解小雪节气，知道关于小雪节气的传统习俗、养生之道、诗词歌句，从中培养实践、观察、思维能力；在劳动中提升劳动技能，培养劳动习惯；懂得劳动创造美好生活的道理。此项目无须额外给学生配套材料，方便不同区域的教师实施。			

续 表

项目概述	驱动性问题	冬日的景象开始进入我们的生活,天气越来越冷,如何在小雪节气体验冬日的温馨和诗意呢?
	学情分析	对于八年级的学生来说,小雪节气这一传统文化主题常表现为以下几个方面:首先,八年级的学生对于小雪节气的基本概念和特点有了一定的了解。其次,八年级的学生对于小雪节气的相关习俗和文化内涵表现出浓厚的兴趣。当然,八年级的学生在学习小雪节气的过程中,也可能会遇到一些困难和挑战。此时,教师可以通过生动有趣的教学方式,如讲述故事、展示图片等,来帮助学生更好地理解和记忆相关知识。
	项目目标	(1)了解小雪的节气特点,熟悉小雪节气出现的时间范围以及在自然界中的表现和特点; (2)感受小雪时节天气对农作物生长和农业活动的影响,理解农业生产的规律和农民的工作安排,崇尚劳动,牢固树立劳动最光荣、劳动最伟大的观念; (3)探索小雪时节人们举行的各种传统习俗、庆祝活动,深入了解中国文化和民俗风情; (4)通过关于小雪节气相关饮食的社会调查和美食制作实践,提高合作能力、表达能力和劳动能力; (5)通过绘画、朗诵、手工制作等艺术方式感悟大自然美好,深入思考生命的意义与价值,欣赏生命的美好和多样性,懂得劳动创造美好生活的道理。
	工具与材料准备	(1)准备工具:炒锅、腌制的容器、剪刀等; (2)准备材料:猪肉500克和适量调料(盐、花椒)、白酒、胶水、树叶等。

项目结构示意图

食遇小雪,味享传统
- 小雪节气的气候和物候
- 制作传统食物
- 关于小雪节气的诗词与小制作
- 小雪节气的农事活动
- 起居、饮食、运动等方面的养生

劳动素养要求

任　务	劳动观念	劳动能力	劳动习惯与品质	劳动精神
查阅资料了解小雪节气的气候和"三候"	●	○	○	○
了解小雪节气的农事活动安排	●	○	○	○

续表

任　务	劳动观念	劳动能力	劳动习惯与品质	劳动精神
搜集资料了解小雪节气的传统饮食习俗	●	○	○	○
制作腊肉	○	●	●	○
调查腌菜的制作方法	●	○	○	○
小雪节气，关于起居、饮食、运动等方面的养生	○	○	●	○
诵读关于小雪节气的诗词	●	○	○	○
品尝腊肉，制作树叶贴画	●	●	●	○
多维度评价，总结反思	●	●	●	●

（左侧合并单元格："劳动素养要求"）

二、项目实施

（一）入项

小雪节气的到来，标志着冬季的深入。在二十四节气中，小雪和大雪之间，代表着寒冷逐渐加深、雪量逐渐增大。在这一时期，气温降低，天气逐渐寒冷，雪花飘落，冬天正式来临。人们在小雪节气会注意保暖防寒，同时这也是欣赏冬雪美景的时候。在教师的带领下，学生针对小雪节气的特点、传统习俗等，自主分工，提出问题并研究，绘制出活动流程图。

（二）问题探究

子问题一：小雪节气的含义、气候特点和小雪节气的"三候"是什么？

团队里的学生通过回忆生活经验、搜索互联网信息、咨询老师和家长，提供了以下内容：小雪是二十四节气中的第二十个节气，是冬季的第二个节气，它标志着气温进一步下降，天气逐渐寒冷。在每年11月22日或23日，小雪节气中的"小雪"与日常天气预报所说的"小雪"意义不同。小雪的气候特点主要表现在以下三个方面：

（1）温度下降。小雪时节，随着冬季的临近，气温显著下降。此时，阳光照射时间减少，太阳角度偏低，导致太阳辐射能量较弱，能吸收的热量减少，大气温度偏低。特别是在夜晚，受到地面散热的影响，气温往往更为寒冷。小雪时节，气温可能降至0摄氏度或更低，给人们的生活和农作物的生长带来一定的不便和困扰。

（2）降水增多。小雪时节的另一个气候特点是降水增多。在这个时节，由于天气转冷，水汽凝结的机会增加，云层也更加活跃，暖湿气流与冷空气的相互作用使得降水量相对较多。尤其是沿海地区和高海拔山区，容易出现降雪的现象，给人们的出行带来一定的影响。

（3）大风增多。小雪时节，大风也是一个显著的气候特点。由于低温天气的到来，气压差增大，使得风力增强。而且，暖湿气流与冷空气的碰撞也会引发一些强风天气。这些大风不仅加大了气温的寒冷感，还会造成风寒等不适，需要人们做好防寒和防风工作。

中国古人将小雪节气分为"三候"：一候虹藏不见（由于不再有雨，彩虹便不会出现了）；二候天气上升地气下降（天空中的阳气上升，地中的阴气下降，导致天地不通、阴阳不交）；三候闭塞而成冬（所以万物失去生机，天地闭塞而转入严寒的冬天）。

子问题二：小雪时节在不同地区有哪些农事？

小雪时节在不同地区的农事可能因地区气候、土壤条件和农作物种类等因素而有所不同。然而，在一般情况下，小雪时节的农事活动主要包括以下几个方面：

（1）秋收工作。小雪时节一般是秋季作物的丰收季节，包括小麦、玉米、大豆等农作物的收割、晾晒、贮存等工作。

（2）农田整治。小雪时节也是进行农田整治的好时机，包括犁地、施肥、翻土等活动，为明年的春耕作准备。

（3）林木种植与护理。小雪时节适合进行林木的种植与护理工作，如栽植树苗、修剪树枝、病虫害防治等。

（4）养殖管理。对于畜禽养殖业来说，小雪时节需要做好饲料储备、修建畜舍、加强保暖和防寒措施等工作，以确保牲畜安全度过寒冬。

需要说明的是，不同地区的农事习惯和农业特点会有所不同，以上只是常规示范，具体的农事活动还需要视地区情况而定。

子问题三：小雪节气在不同地区有哪些不同的传统习俗？

（1）晒鱼干。晒鱼干是小雪节气的习俗，乌鱼群会在小雪节气前后来到台湾海峡，这时台湾中南部海边的渔民会开始晒鱼干、储存干粮。俗谚说"十月豆，肥到不见头"，是指在嘉义县布袋镇一带，到了农历十月可以捕到"豆仔鱼"，晒鱼干的原材料就从这些鱼而来。

（2）吃刨汤。小雪节气前后，一些地区的群众又开始了一年一度的"杀年猪，迎新年"民俗活动，给寒冷的冬天增添了热烈的气氛。吃刨汤是当地的风俗习惯，在"杀年猪，迎新年"民俗活动中，用热气尚存的上等新鲜猪肉，精心烹饪而成的美食称为"刨汤"。

（3）吃糍粑。在南方某些地方，还有农历十月吃糍粑的习俗。糍粑是将糯米蒸熟，放到石槽里，用石锤或者芦竹捣成泥状制作而成的一种食品，是中国南方一些地区流行的美食。古时，糍粑是南方地区传统的节日祭品，最早是农民用来祭牛神的供品。俗语"十月朝，糍粑碌碌烧"，指的就是祭祀事件。

（4）制腊肉。民间有"冬腊风腌，蓄以御冬"的习俗。小雪节气过后，气温急剧下降，天气也会越来越干燥，此时正是加工腊肉的好时候。一些农家开始动手制作香肠、腊肉，把多余的肉类用传统方法储备起来，等到春节时正好享受美食。

学生在教师的指导下，体验了完整的腊肉制作过程。先将盐和花椒进行炒制，在容器中加入适量的盐和白酒，将肉和炒制好的调料放进容器中，搅拌均匀。放置四天左右，腊肉就做好了。

（5）腌菜。到了小雪节气以后，气温越来越低，会出现霜降天气，这个时候很多的蔬菜都会被采收回来，因为经历霜冻的蔬菜很容易腐烂。而经霜以后的蔬菜更甜，用来做咸菜，不仅发酵时间短，口味也更加脆甜。

学生在教师的带领下，拜访了一位居住在南翔的老奶奶，了解腌菜的制作方法，同时也感受到劳动创造美好生活的道理。

子问题四：小雪时节，如何养生？

（1）起居。在冬季，早起早睡，不要熬夜。起居要做好御寒保暖，防止感冒。白天注意开窗通风，每天晚上要在10点上床。最好用热水泡泡脚，并按摩足底的涌泉穴。

（2）饮食。小雪节气，宜吃温性、益肾的食物。温性食物有核桃、葡萄、栗子、鸡、虾、生姜、胡椒等。益肾食物有腰果、山药、芡实、紫米、白果、核桃等。还要多吃热量高、有健脑活血功效的食物，如羊肉、牛肉、乳类、鱼类，并适当饮用一些茶水、咖啡等饮料。在小雪时节多吃一些黑木耳、黑芝麻，甚至泥鳅、黄鳝等黑色的食物，能迅速帮你恢复身体热量。

（3）运动。小雪时节，天气时常阴冷晦暗，绿色植被和红色花卉减少，此时人们的心情也会受其影响，特别容易引发抑郁症，所以应调整心态，保持乐观，经常参加一些户外活动以增强体质。

（三）出项

腊肉好吃口水流，满口香醇甜腻软。学生欢聚一堂，品尝了自己亲手制作的腊肉，吟诵与小雪节气相关的一些诗词歌句，赞美小雪时节的自然景观，描绘冬日的寒冷和哀愁之情（图1至图4）。

图1　小雪美景

图2　小雪习俗小报

图3　向老奶奶了解腌菜的制作方法

图4　自己动手做腊肉

三、项目评价

为了全面关注学生的能力与素养发展,针对本项目的表现性任务,分别从劳动课程素养和项目化学习素养两大方面对学生进行表现性评价。

(一)劳动课程素养评价(表1)

表1 劳动课程素养评价

劳动素养	具体指标	素养要求	星级评价
劳动观念	尊重劳动	尊重劳动者的劳动成果,理解劳动对于社会进步、国家富强和人类发展的意义,感恩劳动者的劳动付出	☆☆☆
劳动能力	知识技能	正确使用常用工具,根据设计完成作品的制作,利用常用劳动技能解决劳动中的实际问题	☆☆☆
	劳动创造	总结自己或他人成功的劳动经验并加以创造	☆☆☆
劳动习惯与品质	自觉劳动	在参与劳动过程中,发挥主观能动性、并愿意努力地进行劳动	☆☆☆

(二)项目化学习素养评价(表2)

四、反思与迁移

(一)培养综合运用知识能力和劳动品质

二十四节气乃中华先辈流传下的传统文化精华。本项目化学习和实践结合,让学生从多方面、多角度的不同形式深入了解小雪节气,学在其中、乐在其中。此项目为同时涉及劳动技术、美术、语文、地理、物理等多个学科领域的跨学科式的活动,综合运用不同领域的知识,真正做到学以致用,对学生而言,不但能初步形成传承中华优秀传统文化的意识,而且能增强与他人协同劳动的意识,培养诚实劳动品质。

表2 项目化学习素养评价

一级维度素养	二级维度素养	新 手	基 本	合 格	进 阶
使用资料	综合多元资料	能够就同一话题的多份资料通过比较和分类来整合资料	能够通过比较多份资料中的信息建立资料之间的联系	能够通过把来自不同资料源中的相似信息分组来建立资料之间的联系，或者能够识别不同资料间内容、种类的不同	能够就不同资料源中的信息进行对比和分组，以加强或延伸论点或解释
产出/公开展示	应用多媒体交流	(1) 能够在有指导和支持的情况下，使用多媒体技术和工具来展开观点的表达（以文本或其他可视化的表达形式）；(2) 掌握了指定的多媒体工具中最相关的部分	(1) 能够在一些指导和支持的情况下，使用多媒体技术和工具来澄清信息，强化观点，强化表达要点；(2) 能够合理地运用指定的多媒体技术和工具	(1) 能够有目的地使用多媒体技术和工具来澄清信息，强化观点，引起观众的兴趣；(2) 能够有目的地运用多媒体技术和工具	(1) 能够有策略地使用多媒体技术和工具来强化观点、证据和表达，能够吸引观众的兴趣并增强观众对于表意的理解；(2) 能够有目的地运用多媒体技术和工具
艺术素养	创造	能够初步掌握一些所学艺术形式的创作方法和技巧	能够初步掌握所学艺术形式的创作方法和技巧	能够基本掌握所学艺术形式的创作方法和技巧并能够创作简单的艺术作品	能够掌握所学艺术形式的创作方法和技巧并能够创作完整的艺术作品

（二）感受节气之美与劳动之美

虹藏不见万物尽，厚积薄发希望生。本项目中，学生化身节气文化宣传大使，一起感受小雪节气的特点，探究民俗文化，融合劳动教育，结合实验探究，在实践中感受节气之美。学生通过亲手制作腊肉、香肠和观赏腌菜过程等实践活动，深入了解小雪节气，知道关于小雪节气的传统习俗、养生之道、诗词歌句，从中培养实践、观察、思维能力。在劳动中提升劳动技能，学会尊重劳动、尊重普通劳动者，培养劳动习惯、懂得劳动创造美好生活的道理。

五、学生随笔

在这个小雪节气，我参加了游巧琴老师组织的以"小雪"为主题的绘画活动。我们以冬天的特色为主题，用了冷调的颜色和丰富的液态形状表达了自己对季节特色的感受与理解。通过此次绘画活动，我不仅学到了丰富的绘画方式和技巧，还深深地体会到了绘画的乐趣、与自然环境结合的美。这个活动提升了我的动手能力和艺术逻辑，让我更加珍惜自然环境的一切，感受到了季节特色之美。

——殷思涵

小雪之际，我参加了导师游巧琴组织的以"小雪"为题的项目化实践活动。通过腊肉的制作，了解小雪节气的传统习俗，以此深入研究体验"小雪"。腌肉，晾晒，处理，充分的理论准备，精密的克度把控，涉及多学科的知识，在实践中学习。这次活动不仅丰富了我对中国传统文化的认识，又增强了我的民族自信心，令我收获满满的同时，更加深爱中国博大精深的传统文化。

——王子豪

大雪·大雪渐寒，美味清欢

熊 俊

一、项目说明

节气活动时间	12月1—9日	适用年级	七年级	总课时数	4
劳动场域	○ 教室	● 教室外校园内	● 家庭	○ 劳动/社会基地	
所属板块	○ 公共必修 ● 特色必修	○ 改编 ○ 非遗传承	○ 新编 ● 跨学科主题学习	○ 劳动/社会基地实践	
所属任务群	● 日常生活劳动	○ 清洁与卫生 ● 烹饪与营养	○ 整理与收纳 ○ 家用器具使用与维护		
	○ 生产劳动	○ 农业生产劳动 ○ 工业生产劳动	○ 传统工艺制作 ○ 新技术体验与应用		
	○ 服务性劳动	○ 现代服务业劳动	○ 公益劳动与志愿服务		
项目概述	项目背景	本项目中，教师带着学生化身节气文化宣传大使，一起感受大雪节气的特点，探究南翔乡土，融合地理教育，结合实验探究，在实践中感受冬日的清新与舒适。			
	驱动性问题	化身美食推荐大使，寻找家乡传统美食，从语文、艺术、信息劳动科技等学科角度出发，如何动手完成一道传统菜肴？			
	学情分析	七年级学生对世界充满好奇，对地理知识有较强的求知欲。在这个阶段，学生开始接触地理的基本概念、气候特点等内容。从理论基础来看，七年级学生在小学阶段可能已经接触过一些气候方面的简单知识，但对于系统的气候类型体系还较为陌生。他们可能对冬冷夏热的天气概况有初步的了解，但对于更深入的地理概念和原理的理解可能存在困难。			

续 表

项目概述	项目目标	（1）了解大雪节气的特点，熟悉大雪节气出现的时间范围以及在自然界中的表现和特点； （2）感受大雪时节气候的变化以及我国冬季太阳直射点的大致位置； （3）探索大雪节气的各种传统习俗、庆祝活动，深入了解中国文化和民俗风情； （4）研究大雪节气健康养生方法，探索冬季人们如何保护身体健康、增强抵抗力； （5）通过绘画、朗诵、歌唱等艺术方式感悟大自然的美好，深入思考生命的意义与价值，欣赏生命的美好和多样性。
	工具与材料准备	（1）八宝粥食材：大米200克、糯米300克、花豆260克、花生仁450克、大枣180克、白糖500克、葡萄干适量； （2）烧萝卜食材：萝卜、葱花、蒜末、肉末、食用油、猪油、黄酒或料酒、生抽、老抽、蚝油、精盐、鸡精、糖等。

劳动素养要求	任 务	劳动观念	劳动能力	劳动习惯与品质	劳动精神
	了解大雪节气的传统习俗	○	●	○	○
	了解八宝粥、烧萝卜的制作过程	○	●	●	○
	准备原材料的加工	○	●	●	○
	了解厨具的正确使用方法	○	●	●	○
	正确制作八宝粥、烧萝卜	○	●	●	●
	多维度评价，总结反思	●	●	●	●

二、项目实施

（一）入项

大雪是二十四节气中的第二十一个节气，更是干支历亥月的结束以及子月的起始，时间点在公历的12月6日、7日或8日。在教师的带领下，学生针对大雪时节的气候特点、形成原因、传统习俗等方面，自主分工，提出问题、研究并形成了流程图。

（二）问题探究

子问题一：大雪节气有何特别？

大雪节气是反映气温与降水变化趋势的节气，大雪节气的到来，意味着天气越来越冷，降水量渐渐增多。大雪节气最常见的就是降温、下雨或下雪。

大雪节气的特点与民俗如下：

（1）气温明显下降。大雪节气，气温显著降低，天气变得寒冷。需要及时增加衣物，注意保暖。

（2）降水量增加。大雪节气是冬季的降水高峰期，降雪量增加，会造成地面积雪，给人们的出行带来不便。

（3）自然景观的变化。大雪时节，北方的河面开始结冰，大地被白雪覆盖，呈现出银装素裹的景象；南方地区也会出现雪花飞舞的迷人画面。

（4）民俗活动的丰富。大雪节气有着一些民俗活动，如腌肉、打雪仗、赏雪景等，这些活动为人们的生活增添了乐趣和色彩。

（5）农事活动的调整。大雪时节，农民们会利用积雪为农作物提供保护，减少病虫害的发生。积雪融化还可以为农田增加水分，为春季农作物生长提供保障。

子问题二：如何让更多人了解大雪节气的家乡美食？

学生通过回忆生活经验、搜索互联网信息、咨询教师和长辈，了解大雪节气的美食。

子问题三：如何让更多人品尝到大雪节气的家乡美食？

学生通过探访搜集，利用课余时间集体讨论，从口味、制作方法等多个方面进行了讨论，最终决定制作传统美食八宝粥并搭配简单的烧萝卜。

（1）八宝粥。将食材洗净，并将12千克开水倒入大锅中烧开。水开后，将食材放入锅中涮一下，然后用勺子搅拌均匀。锅开后转小火，盖上盖子煮40分钟。开盖后，将白糖倒入锅中，搅拌均匀。再次盖上盖子，熬5分钟后关火，静置10分钟即可享用。

（2）烧萝卜。将萝卜去皮后切成菱形块。锅内烧水，加入精盐和少量白醋，将萝卜下锅煮7~8分钟，煮至半透明后捞出备用。锅内放入少量食用油并加入猪油，将猪油熬至全部融化，再把肉末下锅炒熟，然后放入萝卜煸炒1分钟，炒出萝卜中的水分后加入黄酒或料酒、生抽、老抽、白糖等烧煮。

（三）出项

学生纷纷制作了八宝粥和红烧萝卜等美食，并在南翔街头寻觅到许多美味小吃，在渐渐寒冷的大雪节气，感受传统饮食文化（图1至图4）。

图1　制作大雪节气小报

图2　大雪节气养生小知识

图3　自己动手烧萝卜

图4　探寻南翔街头美食

三、项目评价

为了全面关注学生的能力与素养发展，针对本项目的表现性任务，分别从劳动课程素养和项目化学习素养两大方面对学习进行表现性评价。

（一）劳动课程素养评价（表1）

表1 劳动课程素养评价

劳动素养	具体指标	素 养 要 求	星级评价
劳动能力	知识技能	了解常用的炖煮工具和食材的清洗、浸泡、处理方法；了解菜肴制作的过程与技巧	☆☆☆
	筹划思维	提出制作的设想，明确劳动前、中、后的不同要求，制定相应的制作计划；合理分工，优化制作步骤和方法；准备相应的材料和工具，讨论安全注意事项，预想制作过程中的困难及解决方法	☆☆☆
	劳动创造	独立、完整地制作一份菜肴	☆☆☆
	团队合作	合理分工，互相帮助，有时间观念，感知合作能提高劳动效率的道理；合作中发现问题能虚心听取他人意见，学会分析判断，齐心协力商量解决	☆☆☆

（二）项目化学习素养评价（表2）

四、反思与迁移

（一）培养综合能力、团队合作能力和社会责任感

本项目化学习与实践结合起来，使学生更深入地了解与大雪节气相关的知识和技能，同时涉及多个学科领域，如地理、历史、美术、科学等。学生需要从不同学科的角度去探索和研究大雪节气相关的内容，可促进综合能力的发展，培养综合素质和社会责任感。通过这种学习方式，学生能够在实践中发展自己的能力，并将所学知识应用于实际生活中。

通过参与本项目化学习，学生不仅可以加深对大雪节气的了解，还可以提高他们的实践能力和团队合作能力。他们需要通过查阅资料、实地观察、动手实践等方式，深入了解大雪节气，并将所学知识应用到实际项目中，如制作大

表2 项目化学习素养评价

一级维度素养	二级维度素养	新　手	基　本	合　格	进　阶
问题解决	综合多元资料	能够就同一话题的多份资料通过比较和分类整合资料	能够通过比较多份资料中的信息建立资料之间的联系	能够通过把来自不同资料源中的相似信息分组来建立资料之间的联系，或者能够识别不同资料间内容、种类的不同	能够就不同资料源中的信息进行对比和分组，以加强或延伸论点或解释
	制定方案	(1) 能够在引导下，选择贴近问题情境的解决策略或方法； (2) 能够在给定评价标准以及引导情况下，对方案进行整体"印象"的判断	(1) 能够自主选择贴近问题情境的解决策略或方法； (2) 能够在给定评价标准的情况下，对方案进行整体"印象"的判断	(1) 能够自主选择合适的策略或制定粗略来解决问题； (2) 能够选择评价标准来评估方法的评估方法的整体"印象"以及合理性	(1) 能够自主选择多个有效的策略或方法来高效地解决问题； (2) 能够选择适合的评估方法或制定评估方法来评估来确定策略的有效性，并基于评估结果进一步需要的行动
	执行方案	能够参考计划粗略地推进方案的执行，但执行效果不理想，只能满足原始方案的小部分要求	能够按计划推进方案的执行，但效果可能不理想，只能满足原始方案的部分要求	(1) 能够设计推进方案的执行，满足原始方案的大部分要求； (2) 能够收集执行方案过程中的反馈	(1) 能够设计推进方案的执行，满足原始方案的全部要求，并且在必要的情况下进行一定的"灵活"更改； (2) 能够基于执行方案过程中收集到问题解决流程上的优化

雪节气宣传海报、写大雪节气相关的作文等。

（二）增强对传统文化的认同感和自豪感

本项目化学习还有助于传承和弘扬传统文化。大雪节气是中国传统文化中的一个重要节气，它代表着冬季的来临和寒冷天气的到来。通过学习大雪节气的相关知识，学生可以更好地了解中国传统文化，增强对传统文化的认同感和自豪感。

五、学生随笔

参与大雪节气的活动，让我有了独特的体验。制作八宝粥的过程中，我不仅学会了如何挑选和搭配各种食材，还感受到了烹饪的乐趣。此外，探访南翔传统美食的活动更是让我大开眼界，特别是品尝到了糖炒栗子的香甜和南翔小笼的鲜美，让我对传统美食文化有了更深的了解。

——胡可

参加大雪节气的活动，让我收获颇丰。做八宝粥锻炼了我的动手能力，也让我懂得了团队合作的重要性。而探访南翔传统美食的活动，让我感受到了地域文化的多样性。这些美食不仅仅是味觉上的享受，更是一种文化的传承和延续，我会将这次的经历铭记于心。

——张安琦

冬至·文创雅集

陆丹婧

一、项目说明

节气活动时间	12月21—23日	适用年级	七年级	总课时数	4
劳动场域	● 教室	● 教室外校园内	● 家庭	○ 劳动/社会基地	
所属板块	○ 公共必修 ● 特色必修	○ 改编 ● 非遗传承	○ 新编 ○ 跨学科主题学习	○ 劳动/社会基地实践	
所属任务群	○ 日常生活劳动	○ 清洁与卫生 ○ 烹饪与营养	○ 整理与收纳 ○ 家用器具使用与维护		
	● 生产劳动	○ 农业生产劳动 ○ 工业生产劳动	● 传统工艺制作 ○ 新技术体验与应用		
	○ 服务性劳动	○ 现代服务业劳动	○ 公益劳动与志愿服务		
项目概述	项目背景	"文创雅集"是教师自编的劳动技术主题学习的劳动项目。在古代,冬至节气被视为一个重要的节日,有"冬至大如年"的说法。同时,冬至也是一个养生的好时节,人们会格外注重饮食和休息,以保持身体健康。冬至节气过后,我国大部分地区开始进入寒冷的冬季,植物开始进入休眠状态,动物也开始冬眠或迁徙。同时,冬至也是花卉开始开放的时节,如梅花、水仙花等。在本项目中,教师将带领学生从地理、人文和物候三个视角深入探究冬至节气的内涵与外延,让学生亲身体验和感受冬至节气的特点。通过劳动教育,学生将参与冬至节气主题文创的创作过程,以培养创造力和实践能力。在同伴相助的氛围中,大家共同努力,宣传冬至节气的文化价值,让更多人了解和认识这一重要的节气。这不仅能够提高学生的动手能力和团队合作精神,还能够培养他们对传统文化的尊重和热爱,让他们在实践中领悟到劳动的价值和意义。			

续　表

项目概述	驱动性问题	如何有意义地度过冬至节气,保留节气的传统习惯与风俗呢?
	学情分析	通过六、七年级地理学科的学习,学生对太阳的运行及其对地球气候影响的规律性已经有所了解,并且具备了一定的资料搜集整理能力、电脑绘画能力、语言表达能力以及团队协作能力。七年级学生在日常生活中已经熟悉各类文创产品,知道了文创产品的种类、形式,初步具备了绘图、制图、做泥塑的能力。
	项目目标	(1)了解冬至节气的地理学定义,知道冬至节气的时间范围以及在自然界中的表现和特点,通过观察和记录天气变化,培养观察力和对自然现象的敏感度; (2)观察冬至时节的天气变化、物候变化,理解气候变化对人们生活的影响,在教师引导下关注气候变化对农业生产、日常生活的影响,培养对环境保护和可持续发展的意识; (3)搜集冬至时节的传统习俗、庆祝活动,深入了解中国传统文化和民俗风情。在教师组织下参与冬至节气传统习俗的体验活动,如包饺子、制作汤圆等,在实践中感受劳动的乐趣和传统文化的魅力; (4)了解文创产品的种类、设计和制作过程,在教师指导下进行文创产品的设计和制作,培养创造力和动手能力,体验劳动成果的价值; (5)通过文创产品了解冬至节气、感受冬至节气习俗,传承传统文化,鼓励学生与低年级同学分享冬至节气文创产品的制作过程和文化内涵,培养团队合作精神和传承文化的责任感。
	工具与材料准备	(1)准备工具:剪刀、绳子、彩笔; (2)准备材料:牛皮纸、贴纸、颜料、胶水等。

项目结构
示意图

了解冬至节气的地理学特征　　　了解冬至节气物候特点　　　设计制作冬至节气主题文创产品

了解冬至节气人文习俗　　　了解文创产品种类和设计制作流程　　　冬至节气习俗宣讲

劳动素养要求	任　务	劳动观念	劳动能力	劳动习惯与品质	劳动精神
	探寻冬至节气的人文习俗	●	○	○	●

续 表

劳动素养要求	任务	劳动观念	劳动能力	劳动习惯与品质	劳动精神
	了解冬至节气的地理学特征	○	●	●	○
	了解冬至节气的物候特点	●	○	○	○
	学习文创作品的制作	●	●	●	●
	设计冬至节气主题并进行文创制作	○	●	●	○

二、项目实施

（一）入项

冬至，又称“冬节”“长至节”“亚岁”等，是二十四节气中第二十二个节气，也是中国传统节日之一。冬至节气这天，太阳直射地面的位置到达一年的最南端，几乎直射南回归线（南纬 23° 26'）。这一天，可以制作一些与冬至节气相关的手工艺品，如剪纸、绘画等，培养学生的动手能力和创造力。冬至节气在地理学、人文和物候方面具体表现有哪些呢？我们如何以学弟学妹能够接受的方式，带领他们了解冬至节气，弘扬并传承传统文化呢？在教师的主导下，学生自主分工，提出问题并研究，绘制出活动流程图。

（二）问题探究

要想设计冬至文创产品，需要从自然环境和人文两个视角充分了解冬至的内涵。

子问题一：冬至节气的含义、气候特点和物候特点是什么？

借助地理课程的学习，由学生通过课堂学习结合课后自习，制作冬至节气模型。利用模型模仿太阳直射点南移至南回归线的过程。在动手实践的过程中理解为何冬至节气当天是北半球各地白昼最短、黑夜最长的一天。发现冬至过后，太阳直射点开始向北移动，北半球的白昼逐渐变长，黑夜逐渐变短。同时，冬至也是气温下降最快的时节，天气会变得越来越寒冷。

子问题二：从人文视角看，冬至节气有哪些传统习俗？

冬至节气在古代是一个重要的节日，有"冬至大如年"的说法。学生可以从农事节气、祭祀节日、饮食习惯和休闲娱乐四个角度来了解冬至节气的人文内涵。

学生可通过网络搜索、查阅书籍、询问长辈等方式来获取这四个方面的资料。接着将获取的资料进行分类整理，再制作电子小报向更多的同学介绍冬至节气的人文内涵。在此过程中培养学生搜集和整理资料的能力，丰富学生之间的交流内容，提高语言表达能力，宣传冬至节气的文化内涵。

子问题三：什么是文创产品？

带领学生头脑风暴，了解什么文创产品。学生通过网络搜索知道文创产品的内涵，并通过互相介绍自己拥有的文创产品，了解文创产品的类型。

通过参与文创产品的设计和制作，学生可以亲身体验劳动的过程，了解劳动的价值和意义。他们可以学习到如何将文化元素与实用价值相结合，创造出具有独特魅力的产品。这不仅培养学生的创造力和创新思维，还提高他们的动手能力和实践能力。

文创产品可以是各种形式的物品，如文具、生活用品、装饰品、玩具、服装等。它们的设计灵感通常来源于某个特定的文化主题、历史时期、地域特色或艺术作品，将这些元素融入产品的设计中，能够传达出独特的文化信息和情感体验。通过将劳动教育融入文创产品的设计和制作过程，可以培养学生的创造力、创新精神、团队合作精神和责任感，同时促进文化的传承和发展。

(三)出项

（1）冬至贴纸。从物候特点上来看，冬至有三候：一候蚯蚓结；二候麋角解；三候水泉动。自冬至节气开始，我国进入了"数九寒天"，也就是人们常说的"进九"。此时，天气寒冷，植物逐渐停止生长，进入休眠状态，动物也开始冬眠或迁徙。在中国北方，人们有吃饺子的习俗，因为饺子的形状像耳朵，人们认为吃饺子可以防止耳朵被冻掉。在南方，人们则有吃汤圆的习俗，因为汤圆象征着团圆和圆满。学生以冬至节气物候特点和饮食为灵感，设计制作了冬至物候主题贴纸。

（2）九九消寒图。"数九"方法在我国民间口口相传，有历史、画图、填字等多种方式。在我国古代，尤其是北方地区的劳动人民，由于御寒保暖条件较简陋对天寒地冻有恐惧感，直接影响人民情绪，甚至会觉得冬季莫名漫长。当时的人们为挨过漫长冬季，发明用"数九"方法消遣、打发时间以缓解寒冬威胁下出现的心理危机。学生模仿古人绘制了两种"九九消寒图"。

（3）手绘徽章和纸袋。学生根据冬至节气的物候特点、自然环境特点、传统习俗等在空白徽章和纸袋上进行绘制，设计了冬至主题徽章和手提袋（图1至图4）。

图1　冬至主题徽章　　　　　　图2　冬至物候主题贴纸

图3　绘制九九消寒图一　　　　图4　绘制九九消寒图二

（4）"童"你前行——冬至习俗宣讲

学生将制作的冬至节气文创产品组装成盲盒，并邀请学弟学妹抽取盲盒。

通过参与制作文创产品、组装盲盒、装饰"吧唧"和描绘"九九消寒图"等活动，学生不仅能够提高自己的动手能力和审美水平，还能够感受到劳动的乐趣和成就感（图5至图6）。

图5　与学妹一起画画

图6　与学弟一起画画

三、项目评价

为了全面关注学生的能力与素养发展，针对本项目的表现性任务，分别从劳动课程素养和项目化学习素养两大方面对学生进行表现性评价。

（一）劳动课程素养评价（表1）

表1　劳动课程素养评价

劳动素养	具体指标	素养要求	星级评价
劳动能力	知识技能	正确使用常用工具，根据设计完成作品的制作并对作品进行修改、完善与迭代	☆☆☆
	筹划思维	准备相应的材料和工具，讨论安全注意事项，预想劳动过程中的困难及解决方法	☆☆☆
	劳动创造	根据劳动任务的作用、意义和价值进行创造性劳动，取得体现创新精神的劳动成果	☆☆☆
	团队合作	知道合作需要合理的任务分工，能听从组长的安排，共同完成任务	☆☆☆

续 表

劳动素养	具体指标	素 养 要 求	星级评价
劳动习惯与品质	自觉劳动	在参与劳动过程中，发挥主观能动性、并愿意努力地进行劳动	☆☆☆

（二）项目化学习素养评价（表2）

四、反思与迁移

（一）感受并传承中华优秀传统文化

本次项目化学习活动取得了较好的效果，学生通过制作冬至节气文创产品，了解了冬至节气相关知识，在与学弟学妹共学的过程中感受并传承中华优秀传统文化。

在学习过程中，学生仿佛穿越时空，回到了古代。了解了冬至节气在农事、祭祀等方面的重要意义。同时，还探索了冬至节气的传统文化，感受到了浓厚的节日氛围。通过与学弟学妹的共同学习，对冬至有了更深入的了解，也对传统文化有了更深厚的情感。让我们在今后的日子里，继续传承和弘扬中华优秀传统文化，让冬至节气的温暖和诗意在我们心中永远延续。

为了进一步提高学生的综合素质，可以将这次活动迁移到其他传统节日的学习中，如春节、清明节、端午节等。可以设计类似的项目化学习活动，让学生在了解传统节日文化的同时，提高动手能力和团队合作能力。此外，还可以将活动拓展到社区，让学生与社区居民一起分享传统节日的文化内涵和乐趣。

（二）培养学生的创新精神和实践能力

本次项目化学习活动，通过劳动教育，让学生们在实践中体会到传统文化的魅力，培养了他们的创新精神和实践能力，为他们的未来发展打下坚实的基础。

表2 项目化学习素养评价

一级维度素养	二级维度素养	新　手	基　本	合　格	进　阶
使用资料	综合多元资料	能够就同一话题的多份资料通过比较和分类信息来整合资料	能够通过比较多份资料中的信息建立资料之间的联系	能够通过把来自不同资料源中的相似信息分组、建立资料之间的联系，或者能够识别不同资料间内容、种类的不同	能够就不同资料源中的信息进行对比和分组，以加强或延伸论点或解释
艺术素养	创造	能够初步掌握一些所学艺术形式的创作方法和技巧	能够初步掌握所学艺术形式的创作方法和技巧	能够基本掌握所学艺术形式的创作方法和技巧并能够创作简单的艺术作品	能够掌握所学艺术形式的创作方法和技巧并能够创作完整的艺术作品
责任意识	承担责任	（1）能够对自己负责，关心集体； （2）能够积极参与志愿者服务活动、社区服务活动，热爱自然、践行绿色生活方式； （3）能够根据规则参与校园生活的民主实践	（1）有主人翁意识，对自己负责，关心集体； （2）有担当精神，积极参与志愿者服务活动、社区服务活动，热爱自然、践行绿色生活方式； （3）能够根据规则参与校园生活的民主实践	（1）有主人翁意识，对自己负责，关心集体，关心社会，关心国家； （2）有担当服务人民精神，具有为人民服务的奉献精神，积极参与志愿者活动、社区服务活动，热爱自然、践行绿色生活方式； （3）能够依法依规参与公共事务，根据规则参与校园生活的民主实践	（1）有主人翁意识，对自己负责，关心集体，关心社会，关心国家； （2）有担当服务人民精神，具有为人民服务的奉献精神，积极参与志愿者活动、社区服务活动，热爱自然、践行绿色生活方式； （3）能够依法依规参与公共事务，根据规则参与校园生活的民主实践； （4）能够做出具有长期积极影响力的行动

五、学生随笔

这个项目不仅仅是关于冬至这个传统节气的学习,更是一次全面的探索与成长之旅。

在项目中,我深刻感受到了团队合作的力量。与同学一起讨论、交流、分工合作,让我明白了每个人的优势和特长可以在团队中得到充分发挥。通过共同努力,我们制作成功了精美的盲盒包和"九九消寒图"。

项目化学习的方式让我更加主动地去探索和学习。不再是被动地接受知识,而是通过自主研究、实践和解决问题来获取知识。这种主动学习的过程让我对冬至节气的了解更加深入,同时也培养了我的自主学习能力。

——凌逸涛

在这次项目化学习中,我最终制作出冬至主题贴纸。这是一次非常有趣且富有创意的体验。

为了制作出贴合主题的贴纸,我对冬至节气的传统文化进行了更深入的了解,这增加了我的文化知识。尝试将冬至的元素,如饺子、汤圆、雪景等,与有趣的设计风格相结合的过程激发了我的创意灵感,全身心投入到贴纸的设计和制作中,每一个细节的处理都让我充满成就感,享受着创作的乐趣。我意识到这些贴纸不仅是一种装饰,更是传递温暖和祝福的载体,能为人们带来冬至的喜悦。通过实践,我的设计技能得到了锻炼和提高。制作过程需要耐心和专注,我在不知不觉中培养了这些重要的品质。

——金喻冉

项目化学习导师

焦艳 惊蛰

陈佳丹 春分

沈安晴 清明

钱燕 谷雨

楼芳 立夏

滕亲亲 夏至